AF561827

ŒUVRES

BADINES,

D'ALEXIS PIRON.

[illegible] del. Bovinet Sculp.

Mais mon Grec, d'une main guerriere,
Le saisissant par la crinière,
Et tirant son estramaçon,
Lui fit voir qu'il étoit garçon.

ŒUVRES

BADINES,

D'ALEXIS PIRON.

A PARIS,

Chez tous les marchands de nouveautés.

An VI.

ŒUVRES BADINES.

L'ANTI-MONDAIN (1).

O JOURS heureux, qui, purs et sans nuage,
Avez du monde éclairé le berceau,
Dont vainement un odieux pinceau
Veut à nos yeux défigurer l'image!
Jours fortunés! quoi qu'en publie encor
Un maître fou dans sa verve indiscrette;
Age à bon droit appelé siècle d'or!
O bon vieux tems! c'est moi qui vous regrette.
Mais, ô regrets en effet superflus!
A notre dam, hélas! vous n'êtes plus.
Tranquille au sein d'une heureuse abondance,
Exempt de peine, affranchi de tous soins,
L'homme vivoit: la sage Providence,
Pour son bonheur, lui cachoit ses besoins.
Il étoit libre, et la seule nature

(1) Cette pièce est la contre-partie du *Mondain*, de M. de Voltaire.

Dictoit ses loix et régloit ses devoirs.
La trahison, le meurtre, l'imposture,
Les attentats, les forfaits les plus noirs,
Sous des climats où régnoit la droiture,
De son cœur simple ignorés et bannis,
N'avoient alors besoin d'être punis.
Nul préjugé n'asservissoit son ame :
Heureux de vivre ainsi qu'il étoit né,
Ni bien, ni mal, gloire, honte ni blâme
N'étoient connus de son esprit borné.
O douce erreur, favorable ignorance,
Fille du ciel, mère de l'assurance !
Point de remords qui gênât ses désirs.
Né pour jouir, fait pour le bien suprême,
Il le trouvoit dans un autre lui-même :
Rien ne troubloit leurs innocens plaisirs.
Et quels plaisirs ? à leur douceur extrême,
Le monde entier doit ses accroissemens :
Tendres ébats, divins embrassemens,
Fréquens sur-tout plus qu'au siècle où nous sommes ;
Et c'est raison : car le destin des hommes
En dépendoit dans ces commencemens.
Plaisirs exempts de tous ces vains fantômes,
Dont un bizarre et chimérique honneur
Séduit les cœurs susceptibles d'alarmes ;
Ce fier tyran d'un siècle plein de charmes
Ne mettoit point d'obstacle à leur bonheur.
Mais à sa place, une aimable innocence,

Un cœur naïf, de candeur revêtu,
Neuf encor, même après la jouissance,
Tenoit alors lieu de toute vertu.
De nos aïeux, sous le règne d'Astrée,
Telle étoit donc la race fortunée.
De siècle en siècle, et vigoureux et sains,
Mets raffinés, laïs, ni médecins,
Coupable engeance en ces tems ignorée,
De leurs beaux ans n'abrégeoient la durée.
Or maintenant, notre ami du bel air,
Qui vous moquez impunément du monde,
Vantez-nous bien votre siècle de fer;
Vantez sur-tout votre cœur très-immonde;
Osez fronder l'illustre Fénélon;
Déprisez-nous les accords de sa lyre,
Ce beau roman, le seul utile à lire;
Vous toutefois dont le rare Apollon
Et les écrits ne vont pas au talon
De ce prélat; vous dont le chaud délire
Où vous puisez vos cyniques accens,
Vous fait choquer trop souvent le bon-sens;
Vous, dis-je encor, qui placez dans un temple,
D'un bout à l'autre ouvrage original,
Fille de joie auprès d'un cardinal;
Vous, dis-je enfin, qui pour dernier exemple,
Venez de faire assemblage nouveau,
Et, comme on dit, une galimafrée
D'Eve, d'Adam, de Saturne et de Rhée,
Assortiment digne d'un tel cerveau:

Plaçant le bien de la nature humaine
Dans un bouchon qui frappe au soliveau;
Ou bien à voir une tête de veau
Qui dans un char mollement se promene.
Or maintenant ce séjour enchanté,
Ce paradis terrestre si vanté,
Cher calotin de la première classe,
De bonne-foi, convenez entre nous,
Que, pour savoir où peut être sa place,
On auroit tort de s'adresser à vous.

LES MISÈRES DE L'AMOUR.

PARODIE.

Que l'homme est foible et ridicule,
Quand l'amour vient s'en emparer!
D'abord il craint, il dissimule,
On l'entend tout bas soupirer.

S'ose-t-il enfin déclarer?
On le fuit; sa poursuite est vaine.
N'importe; il veut persévérer.
Que de soins, d'ennuis et de peines!

On l'aime? tant pis, double chaîne:
Mille embarras dans son bonheur.
L'esprit sans cesse est en haleine;
Père, mère, époux, tout fait peur,

Est-ce tout ? non. Reste l'honneur ;
Il s'éffarouche avec méthode :
On croit le vaincre, il est vainqueur ;
On se brouille, on se raccommode.

Vient un rival, autre incommode.
Loin des yeux le repos s'enfuit,
Jaloux, on veille, on tourne, on rode ;
Ce n'est qu'alarmes jour et nuit.

Après bien des maux et du bruit,
On jouit enfin de sa belle :
Le feu s'éteint, le dégoût suit,
Le jeu valoit-il la chandelle ?

LE REQUIN.

CONTE.

MUSE, de grâce, au fait et point d'exorde.
Des écumeurs, gens sans miséricorde,
Firent descente à je ne sais quel port,
Et tout de suite y descendit la mort,
L'affreux dégât, le viol équivoque,
Qu'Agnès redoute et dont Barbe se moque ;
L'ardente soif du sang et du butin,
Tant d'autres maux, le sacrilége enfin,
Péché mignon des ames scélérates,

Ce dernier-ci conduisit les pirates
Dans un couvent de pères cordeliers.
Châsse, encensoir, croix, soleils, chandeliers,
Vases sacrés, tout fut de bonne prise;
Burettes, brocs, le cellier et l'église,
Tout fut pillé. Notez que les vauriens
N'étoient pourtant juifs ni turcs, mais chrétiens,
En qui peut-être eût agi le scrupule,
S'ils n'avoient pas, dans plus d'une cellule,
Trouvé de quoi se dire: Eh! ventrebleu!
N'en ayons point, puisqu'ils en ont si peu!
Quoi trouvé donc? Quoi! Gentilles commères,
Que sur la nef on mène avec les pères,
Pour y passer le tems dorénavant,
Eux à ramer; elles, comme au couvent.
Père GRICHARD, bilieuse pécore,
Prêche et fulmine en pieux Matamore:
Père GRICHARD est traité d'étourneau,
Et, pour réponse, on vous le jette à l'eau.
D'autres encor de prêcher ont la rage.
Ils prêchoient donc, mais sur un ton plus sage;
Quand le plus fier de tous les ouragans,
Mieux qu'un sermon, convertit nos brigands.
Les voilà tous devenus des Panurges,
Se fiant moins à Dieu, qu'aux Thaumaturges,
Et promettant chandelle à tous les saints
Du paradis et lieux circonvoisins.
Tout l'équipage aux pieds de la chiourme,
On crie, on pleure, on sanglotte, on se gourmet

MEA CULPA, mon père, mon mignon,
Ce n'est pas moi, c'étoit mon compagnon.
Moine de dire, en faisant grise mine,
Punition et vengeance divine!
Le bon larron, contrit comme à la croix,
De se vouer à monsieur Saint-François,
S'il en échappe. A l'instant le tems change;
Vous eussiez dit que sur l'aîle d'un ange,
Le séraphique avoit dit: QUOS EGO.
Le ciel reprend l'azur et l'indigo,
L'eau reverdit, et sa claire surface
S'applanissant, redevient une glace;
Tout rentre enfin dans son premier état;
Tout, j'y comprends le cœur du scélérat.
Il rit du vœu formé pendant l'orage;
Le capitaine absout tout l'équipage,
Réunissant les deux pouvoirs en soi,
Et sur son bord étant pontife et roi.
Buvons, rions, chantons, dit le corsaire,
Frappe, comite, et vogue la galère.
Les penaillons disoient: vous avez tort;
On fait la figue au saint plus près du port;
De Pharaon tel étoit le vertige;
Moïse aussi coup sur coup le fustige.
Le chef repart: qu'on ait tort ou raison,
Ramez, faquins, belle comparaison,
De fouet à fouet, la verge de Moïse
Et le cordon de Saint-François d'Assise!
Trois jours avoient coulé sans accidens;

Le quatrième, ainsi qu'entre leurs dents,
Les gris vêtus prioienr leur patriarche
De se venger en purifiant l'arche :
L'un d'eux soudain s'écrie : ah ! le voilà.
Qui ? Saint-François ! où ? sur l'eau, là-bas, là :
Tenez, voyez, tout vis-à-vis la poupe.
Sur le tillac aussitôt on s'attroupe.
Oui, c'est, dit-on, vraiment un cordelier !
C'en est bien un, le fait est singulier !
En pleine mer, un homme, n'en déplaise,
Qui paroît même être là fort à l'aise !
C'est, s'écrioit un moinillon fervent,
C'est ce grand saint qu'à la merci du vent,
Dans le péril, ingrats, vous réclamâtes !
Mon œil d'ici distingue les stigmates.
Je vois, je vois l'ange exterminateur,
Le bras levé sur le profanateur :
Tremblez, méchans ! La frocaille en tumulte
Passoit déjà de l'espoir à l'insulte.
La soldatesque incertaine, tout bas,
Se demandoit ; l'est-ce ? ne l'est-ce pas ?
La nuit laissa leur ame irrésolue.
L'indévôt crut avoir eu la berlue,
Et du soleil attendoit le retour :
Il reparoît. On revoit tout le jour
Le même objet à pareille distance.
Lors le relaps incline à pénitence.
C'est Saint-François ! qui pourroit-ce être donc?
Voilà des gens penauds, s'il en fut onc.

Le

Le commandant, dont la visière est nette,
Pour le plus sûr met l'œil à la lunette,
Et dit : ma foi vous ne vous trompez point ;
Je vois capuce et froc ! c'est de tout point
Un cordelier bien vif, bien à la nage,
Voulant venir peut-être à l'abordage ;
Il faut l'attendre. Hola ! ho ! le grapin.
Chacun se signe, au cri du turlupin ;
D'horreur le poil en dresse à tout son monde :
L'objet s'enfonce et disparoît sous l'onde.
A l'instant souffle un vent plus que gaillard ;
Et, fut-ce un coup du ciel ou du hasard,
Vous en allez savoir le pour et contre.
Tout au plus près le nageur se remontre.
Le grapin tombe, accroche et tire : qui ?
Etoit-ce bien un cordelier ? Nenni :
Car, de par Dieu, sa mère et Saint-Antoine,
Jamais l'habit ne fit si peu le moine.
C'était au vrai l'habit d'un franciscain,
Mais sous lequel ne gissoit qu'un requin,
Poisson goulu, vorace, antropophage,
Poisson béant, poisson pour tout potage ;
Mais un poisson froqué : par quel hasard ?
Vous avez vu noyer père Grichard ?
Figurez-vous ce requin qui le gobe,
Non pas avec, mais par-dessous sa robe.
Des pieds au cou tantôt il fut grugé,
Et là du tronc la tête prit congé.
Le froc alors présentant l'ouverture,

Avoit du monstre embéguiné la hure.
Et, de ce jour, quêteur humble et gourmand,
Frère Requin suivoit le bâtiment.

TIRLIBERLY.

CONTE.

Lise couchée, au retour de l'église,
Disoit à *Jean* : Mon Dieu, le bel outil !
Quel est son nom ? *Tirliberly*, dit-il.
Tirliberly sera vraiment, dit *Lise*,
Dorénavant mon bijou favori.
Tirliberly mit toute son entente
A bien ouvrer, tant qu'en peu déperi ;
Jean se souvint qu'il avoit une tante,
Et s'embarqua pour le *Pondichery*.
Au bord de l'eau, grands adieux ; on s'embrasse ;
Propos de femme, et fadeurs de mari :
Lise, au revoir : *Jean*, mon ami, de grâce !
Laisse-le-moi... Quoi ?... le *Tirliberly*.
L'homme eut beau dire, et beau rire, et beau faire ;
S'il ne le laisse, il ne partira point.
Lise l'a dit, . . . donc pour la satisfaire,
Jean fouille et prend par-dessous son pourpoint,
N'importe quoi ; tout ce qui vint à point,
Propre à donner le change à l'ingénue,

Quoique ce fût : Tiens, dit-il, le voilà;
Cours après, cherche; et ce disant, il rue
Ce qu'il tenoit, dans l'herbe haute et drue;
Puis sur-le-champ monte en mer et s'en va.
Or n'ayez peur que simple ou trop honnête,
Lise, à tourner incessamment la tête
Vers le vaisseau, gagne un torticoli :
Ce n'est le point où son esprit s'arrête;
Tout son penser vise au *Tirliberly*.
Onc on ne vit chien plus âpre à la quête :
Vaine recherche ! elle ne trouve rien.
Dieu sait l'engoisse. O douleur sans pareille !
Las ! j'ai perdu le plus beau de mon bien :
Tirliberly! que ma voix te réveille;
Par-dessus l'herbe, à mes cris, lève-toi.
A mon aspect tu croissois à merveille,
Et tu semblois avoir des yeux pour moi.
Tirliberly, seras-tu sans oreille ?
A ce haut cri, dans les airs épandu,
Sort de la roche un jeune anachorette,
Frais comme rose, et qui sous sa jaquette
A plus et mieux que *Lise* n'a perdu.
Père, aidez-moi, dit la belle éplorée :
Vous me voyez pis que désespérée
Pour un bijou dans l'herbe enseveli;
Bijou, vraiment qui passe le joli.
Sans lui je meurs, sans lui rien ne m'agrée;
Il me valoit lui seul tout l'empirée.
Ce bijou rare a nom *Tirliberly* :

Savez que c'est, si connoissez la pompe
De ce bas monde. Hélas ! un mal-adroit
Me l'a fait perdre, et si je ne me trompe,
Il est tombé non loin de cet endroit.
Tenez, cherchons ; nous y voici tout droit.
Mu de pitié, le pauvre solitaire
Tout bonnement cherche et cherche à tâton,
Sans savoir quoi. Tel un visionnaire
(Mons *Arouet*, suzerain de *Voltaire*.)
Cherche le jour dans la nuit de Newton !
Ou, si l'on veut, tel un savant Breton (1),
Grand scrutateur de forme planétaire,
Dessous le pôle en cherche une à la terre.
De charité le jeune homme rempli,
Met donc le front et le nez dans les herbes,
Et, retroussé jusqu'au *Tirliberly*,
En laisse voir un tout des plus superbes.
L'appercevant, *Lise* jette un grand cri :
Ah ! le voilà ! L'hermite se redresse,
Et prenant part à sa vive alégresse,
Demande à voir un bijou si chéri.
Lise lui dit : Vous l'avez, et le presse
De le lui rendre. A cela, l'homme saint
Reste muet. Elle insiste... il se plaint
D'un tel soupçon, et consent qu'on le fouille.
Lise y procède et saute à la quenouille
Avec laquelle Eve nous a filés.

(1) M. Maupertuis.

Gens au désert par la grâce exilés,
Antoines, Pauls, Hilarions, Arsennes,
L'esprit malin vous a bien fait des siennes,
Convenez-en; mais n'en fûtes jamais
Si lutinés, ni serrés de si près.
Tirliberly trahit enfin son maître.
Le jouvenceau succombe innocemment.
Lise innocente encore en ce moment,
De sa main propre emprisonne le traître;
Et d'innocence en innocence, ainsi
Jean fut très-Jean; mais *Lise* en fut aussi
Bien plus savante, apprenant de ceci
Qu'un mari peut aller à la campagne,
Sans pour cela qu'en ce siècle poli,
A la maison sa charmante compagne
Demeure oisive ou sans *Tirliberly*,
Et que souvent, loin d'y perdre, elle y gagne.

LE LACONISME.

CONTE.

CHEZ un seigneur un moine fut:
Le Diable apparut à sa vue;
Choisis des trois, dit-il: ou tue,
Ou bois, ou fornique: opte. Il but.
En buvant, la dame lui plut.
Le mari qui faisoit un somme,

S'éveille et voit le couple en rut,
Veut le tuer ; mais le saint homme
Prend un chenet, frappe et l'assomme.
C'est où l'attendoit Belzébut.

LES DEUX MALADES.

CONTE.

Un pauvre hère, enfant de l'Hélicon,
Gissoit mourant à peu près sur la paille,
Et pour payer casse et catholicon,
Dans son coffret n'avoit ni sou, ni maille.
Un gros banquier regorgeant de mitraille,
En même-tems étoit malade aussi.
Guérissez-moi, s'écrioit celui-ci :
Voilà de l'or. Chers enfans d'Esculappe,
S'écrioit l'autre, en cas que j'en réchappe,
Je vous destine au Pinde un beau loyer.
La Faculté vers ce lieu ne galoppe ;
En l'autre part elle aime à giboyer :
Si que bientôt de Vernage à Procope,
Ce dit l'histoire, et d'Astruc à Boyer,
Depuis le cèdre enfin jusqu'à l'hissope,
Auprès de lui notre veau d'or eut tout ;
Au pauvre diable il resta la nature.
Conclusion ; le pauvret est debout,
Et le richard est dans la sépulture.

L'ACCOMMODEMENT

DE LA VÉRITÉ ET DE LA CHARITÉ.

LA vérité, la charité,
Si rares au siècle où nous sommes,
Étoient le plus beau don qu'eût fait le Ciel aux hommes,
Avant qu'ils l'eussent irrité.
Mais ces aimables sœurs ont quelquefois querelle;
Le plus habile a peine à les concilier.
L'une est toujours ardente et signale son zèle;
L'autre est inexorable et ne sauroit plier.
S'il faut prendre parti, le choix est difficile.
Voyons de quelle adresse à franchir ce pas-là,
Sut user un docteur habile,
De l'école de Loyola.

Dans Paris, une jeune fille,
Héritière d'un gros banquier,
Etoit l'honneur de sa famille
Et l'ornement de son quartier.
Plus d'un galant cherche à lui plaire;
Mais entre les devoirs rendus
Près de la fille et de la mère,

Les soins d'un jeune mousquetaire
Semblent les plus ardens et les plus assidus.
La mère prudente, attentive,
Juge à propos d'entrer en explication,
Et d'une recherche si vive
Approfondir l'intention.
Ma vue est toute légitime,
Répond fièrement l'amoureux;
Si je puis devenir heureux,
Ce ne sera pas par un crime.
Faut-il quelqu'éclaircissement
Sur mes moyens, sur ma noblesse?
Chez le père recteur de la maison professe,
On peut en avoir aisément.
Quoi! le père recteur, dit la bonne maman;
Le témoignage est bon. Je connois sa droiture;
Et j'aurois pour son sentiment
Même foi que pour l'écriture.
Ces mots au cœur du jeune amant,
Font luire un rayon d'espérance.
Il vole, sans perdre un moment,
Au couvent de sa révérence.
Cher père, lui dit-il, mon sort est en vos mains:
Un mot de votre part, contraire ou favorable,
Va bientôt de tous les humains
Faire le plus heureux, ou le plus misérable.
Il s'explique, et le père est touché vivement
D'un discours que l'amour rendit plus pathétique
Que tous ceux qu'enfanta l'art de la rhétorique.

Je suis à vous, dit-il, mais j'ignore comment....
Ecoutez, reprend-il, je roule une pensée
Qui va vous paroître insensée,
Mais qui peut à vos vœux servir utilement.
Je connois un Richard jaloux à toute outrance,
Et qui pour échapper au destin des cocus,
Offre cinquante mille écus
A quelque homme de confiance,
Qui de sa chère épouse assure l'innocence
Par de sages avis, par son inspection;
Mais à cette condition,
Que pour son entière assurance,
Cet argus se soumette à l'opération,
Qui n'est pas si commune en France
Que chez certaine nation.
Si cet emploi suffit à votre ambition,
Vous en aurez la préférence....
O l'admirable expédient
Pour avancer mon mariage!
S'écria notre adolescent.
Morbleu pour les trésors qu'on puise en Orient,
Pour tout l'or que roule le Tage,
Je ne livrerois pas ce gage......
Modérez ce transport, dit le père en riant,
Et soyez moins impatient;
Je ne perds pas encore courage.
Au domicile du recteur,
Paroît bientôt la bonne mère;
C'étoit son conseil ordinaire,

Et peut-être son directeur.
Elle parle , elle questionne.
Du jeune homme , dit-il , j'estime la personne ;
Et respecte l'extraction ;
Elle est depuis long tems avec distinction
Sur les rives de la Garonne.
Quant à ses revenus , je n'en suis guère au fait ;
Mais je suis assuré qu'il possède un effet
Dont il a refusé quinze mille pistoles.
La mère est satisfaite , et donne des paroles.
Les vœux de notre amant sont bientôt exaucés ;
Et les noces se font sans ces dépenses folles ,
Sans ces apprêts vains et frivoles ,
Dont la plupart des grands sont trop embarrassés.
Tout rit dans le nouveau ménage :
Sur la fin d'un repas où régnoit la gaieté ,
Le recteur s'applaudit de sa dextérité
A conduire un pareil ouvrage.
Il fait voir que sa charité
A bien joué son personnage ;
Sans offenser la vérité.
La maman en rit peu : la bonne créature
Voit d'un air assez consterné ,
Que l'effet de son gendre est d'une autre nature
Qu'elle n'avoit imaginé ;
Et contre le recteur à demi-bas murmure.
Pourquoi , disoit-elle en secret ,
Ne convertir en or ce précieux effet ?
Pourquoi cette offre refusée ?

Oh, que l'échange me plairoit !
Mais on prétend que l'épousée
N'en eut pas le même regret.

SAINT-GUIGNOLÉ.

CONTE.

TROP bien savez que dans la Grèce,
Des beaux arts autrefois maîtresse,
Priape aux plaisirs consacré,
Fut en grand' pompe révéré.
Son nom seul dans le catéchisme
Portoit un air de volupté.
Bref, plus grande divinité
Ne fut onc dans le paganisme.
Ses temples étoient boulingrins,
Vergers fleuris et beaux jardins,
Où, par d'excusables foiblesses,
De Paphos les jeunes prêtresses
Venoient mêler l'emportement
A la douceur du sentiment.
Là n'habitoit sagesse austère,
Qui trop souvent par vains discours,
De nos plaisirs trouble le cours;
Mais bien l'art d'aimer et de plaire,
Douce et vive persuasion,

Désirs redoublés sur ses forces ;
Jeux badins, qui par mille amorces,
Piquent l'imagination.
Le plaisir seul étoit le guide
Qu'on choisissoit pour s'égarer,
Et la jouissance rapide
Désaprenoit à soupirer.
Dans ces réduits si pleins de charmes,
Priape étoit représenté
Avec son sceptre, avec des armes
D'une merveilleuse beauté.
Quelles armes, dont la blessure
Fait couler un plaisir flatteur !
Divin Priape, à ta piquure
S'émeut le plus farouche cœur.
Heureuse la nymphe légère
Qui, trompant sa jalouse mère,
Peut saisir un poignard si doux ;
Qui, sentant tressaillir son ame
De la volupté qui l'enflamme,
Et meurt et revit de ses coups !
Pour nous, vil peuple, race étique,
De cette armure magnifique
Nous portons un léger fragment :
Ce qu'à Priape la Nature
Donna si libéralement,
Nous ne l'avons qu'en miniature.
Sans être gascon sur ce point,
Cependant je ne m'en plains point.

Mais

Mais pourquoi ma muse cynique,
Osant d'un œil audacieux
Percer dans les secrets des Dieux,
Recherche-t-elle un saint antique?
Il s'en présente un dans ces lieux,
Qui vaut Priape et beaucoup mieux;
C'est le benêt saint Guignolé,
Qui, fuyant sa triste patrie,
Où régnoit Bellone en furie,
Traversa le ruisseau salé,
Pour venir en pays sauvage,
Sans nulle consultation,
De zèle et de dévotion
Faire le triste apprentissage.
Lieux escarpés il choisissoit,
De mets grossiers se nourrissoit,
Buvoit son vin jusqu'à la lie:
Mais, quand chez lui se présentoit
Veuve accorte ou femme jolie,
Le bon hermite qu'il étoit,
Tout doucement l'entretenoit,
Parlant d'une façon si belle,
Que tant nice et jeune fût-elle,
A son point bientôt l'amenoit.
Or, ne pensez que ce langage
Déplût aux beautés du canton;
Chacune du saint personnage
Vouloit tirer quelque leçon:
Lui-même n'y pouvoit suffire,

Bien que, grâce aux heureux talens
Que le ciel donne à ses cliens,
Sur l'article il fût un grand sire.
Après sa mort on lui rendit
Honneurs divins sans contredit.
Tous ces dévôts brûlant de zèle
(Avec dévôts, j'entends ici
Nombres de dévôtes aussi)
Lui bâtirent une chapelle,
Sur le penchant d'un vert côteau,
Lieu propre à faire la prière
Qu'on trouve ès heures de Cithère.
Tout auprès serpente un ruisseau
Qui semble dire en son langage:
Profitez de votre bel âge;
Saisissez les momens heureux
Que le Ciel accorde à vos vœux.
Ainsi que fuit cette onde pure,
Le tems s'échappe sans retour;
Suivez la voix de la Nature,
Elle vous présente un beau jour.
Au-dedans de cette chapelle,
Où vient souvent troupe fidelle,
Aucun portrait n'est étalé,
Hors celui de saint Guignolé.
Sans draperie et toute nue,
Mais pleine de cette fierté
Que sait donner la volupté,
Paroît en un coin sa statue.

Tout ce qui peut d'un corps parfait
Offrir l'image intéressante,
S'y trouve assemblé trait pour trait.
Le sculpteur à la main savante,
Par un chef-d'œuvre de son art,
A sur-tout formé Jean-Chouart
Dans une attitude si belle,
Si touchante et si naturelle,
Qu'il n'est Lucrèce, à son aspect,
Qui ne frémisse de respect.
Or, ne présumez qu'à la vue
Tout son mérite soit borné;
Au nouveau Priape est donné
Talent de plus grande étendue;
Talent qui grossit chaque jour
Les revenus du dieu d'amour.
Car toute matrone indignée
De n'avoir support ni lignée,
Et voyant que dans son mari
Le ruisseau d'amour est tari,
N'a qu'à racler d'une main sûre
Ce précieux échantillon,
Ce doux ami de la Nature,
Et puis boire de la raclure
Bien infusée en un bouillon;
Pas n'est besoin d'autre aventure.
Aussi-tôt ventre de grossir,
Langueur de se faire sentir;
Bref, pour les fruits du mariage,

Bien plus utile est ce breuvage,
Qu'un époux froid et catarrheux,
Le plus souvent encor goutteux,
Qui, suivant l'usage ordinaire,
De l'hymen au geste glacé,
Auprès de sa femme placé,
Ne fait, hélas! que de l'eau claire.
Ici, dira quelque censeur,
Affectant un souris moqueur,
En pensant me mettre à la gêne;
Si de votre saint ratissé,
Et dans un bouillon infusé,
Fille buvoit à tasse pleine,
Dites-moi, du dévôt outil
Bien ou mal arriveroit-il?
A cela ma réponse est prête.
D'abord dirai, je n'en sais rien:
Fille prudente et d'air honnête,
Craint toujours de risquer son bien;
Et puis un importun critique,
Un Bussy, par des traits railleurs,
Trop applaudi de maints lecteurs,
Viendroit la mettre en sa chronique.
Si pourtant le saint s'égaroit,
Et par une erreur imprévue,
Agissoit à la boulevue,
Quel grand mal cela causeroit?
J'ai vu mainte fille en ma vie,
Fille d'esprit, jeune et jolie,

Qui, pour avoir au tendre ébat,
Reçu par fois échec et mat,
N'en a que mieux été choyée,
Même pour pucelle employée.
Les maris sont de bonnes gens,
On les condamne à tous dèpens;
Témoin de Vulcain l'épousée,
Et de Mamolin la fiancée.
Pour eux ne brille cette fleur
Qu'amour diligent moissonneur
Sait recueillir avant la fête,
Que le tardif hymen s'apprête.

L'HOSPITALIÈRE.

CONTE.

Sœur Luce, jeune hospitalière,
Pour un jeune convalescent
Sentoit tout ce qu'un cœur ressent
Dans l'accès d'une ardeur première.
Je laisse à penser la manière
Dont fut servi l'adolescent;
Mille soins font sur son visage,
Renaître les plus belles fleurs,
Et le brûlent de mille ardeurs
Pour la belle qui le soulage.

Un moment donc qu'il se livroit
Au doux espoir d'être aimé d'elle ;
A l'instant accourut la belle :
Il en sentit croître son feu.
La Nature à l'amour fidelle,
Dans le moment joua son jeu ;
Et pendant que l'Amour rappelle
La formule d'un tendre aveu,
Mon cher enfant, s'écria-t-elle ;
Guérissez ma crainte mortelle.
Parlez ; de quoi soupirez-vous ?
Là, sa voix craintive s'arrête,
Et toute tremblante elle apprête
Sa main pour lui tâter le pouls.
Mais que l'Amour a de malice !
Qu'il sait bien conduire un dessein !
Le convalescent prend la main
De la secourable novice,
Et la conduisant doucement
Où la santé se manifeste,
Par un subit attouchement,
Fait voir qu'il en avoit de reste.
La belle se déconcerta,
Rougit de honte et de surprise ;
Et voulut même quitter prise ;
Mais en vain elle le tenta ;
Son heureux amant l'emporta ;
Et pour marquer que son audace
A ses yeux devoit trouver grâce,

Voici ce qu'Amour lui dicta:
Chassez la frayeur ridicule
Que vous inspire un vain scrupule,
Belle Luce, et ne pensez pas
Faire désormais un usage
Qui déshonore vos appas.
Ces marques de convalescence,
Je les dois à votre présence;
Mais vous devez à mon amour:
J'acquitte ma reconnoissance,
Acquittez-vous à votre tour.
Nature prépare une crise
Qui couronne votre entreprise;
Vous seule pouvez me guérir,
Voulez-vous me faire mourir?
Sœur Luce, d'un si doux langage
Sentoit la pressante douceur,
Et l'amour dans son jeune cœur
En disoit encor davantage:
Son amant tout prêt d'être heureux,
A l'aide de mille étincelles,
Filles d'un desir amoureux,
Vit dans ses humides prunelles,
Qu'elle brûloit des mêmes feux.
D'un bras qu'Amour guide, il l'enlève;
L'Amour lui-même la soulève,
Et tire le rideau sur eux.

LE PSEAUTIER.

CONTE.

Du pieux roi David que les pseaumes sont
beaux !
Ma fille, en vous couchant, faites-en la lecture;
Eclairez-vous de ses flambeaux,
Votre ame sera toujours pure.
Je vous prête mon grand pseautier;
Plût à Dieu, ma chère Isabelle,
Que vous le sussiez tout entier.
Oui, maman. Voici donc la belle
Qui prend le saint livre et le met,
Sans trop grand désir de le lire,
Très-promptement sous son chevet.
Or elle attendoit un beau sire.
Il vint, et les tendres ébats
Agitant draps et couverture,
Le pseautier descendu plus bas,
Se trouve au fort de l'aventure.
Bien plus, car du prudent ami,
La reliûre toute neuve,
D'un plaisir qui n'est qu'à demi,
Reçut une abondante épreuve.
Le matin, la mère arriva,
Et ne vit pas l'amant sans doute;

Mais son cher volume trouva
Tout maculé, tout en déroute.
A l'œil, au tact, à l'odorat,
Elle frémit, elle soupçonne.
Mon pseautier est en bel état!
Parlez-moi, petite friponne.
Je ne sais pas d'où vient cela.
En faute assurément je ne suis point tombée;
Sinon que j'ai rêvé que David étoit là,
Qui me prenoit pour Bethsabée.

LA RAGE D'AMOUR.

CONTE.

A Cupidon la jeune et belle Aminte,
Malgré l'hymen, sacrifioit toujours.
Son pauvre époux étoit toujours en crainte
Qu'elle ne fît de nouvelles amours.
Il ne pouvoit en fermer la paupière,
Pestoit, veilloit tant qu'il en expira.
Lui mort, Aminte ayant libre carrière,
Se divertit en fille d'opéra,
Qui n'est pas encore douairière.
Grand bruit en fut: son curé crut devoir
L'en avertir. Vous vous perdez, madame,
Changez de vie, ou c'est fait de votre ame.

Hélas! monsieur, je voudrois le pouvoir,
Lui répartit notre fringante veuve :
Qu'avancez-vous, mon pasteur, en grondant?
Ah! plaignez moi : tel est mon ascendant,
De deux jours l'un me faut pratique neuve;
Cela me vient d'un accident fatal;
Ma modestie a causé tout mon mal.
A quatorze ans d'un chien je fus mordue;
L'avis commun fut qu'on me devoit nue
Plonger en mer : nue on me dépouilla.
Honteuse alors de me voir sans chemise,
Incontinent je portai la main là,
Où vous savez, sans jamais lâcher prise.
On me replonge : or, qu'est-il arrivé?
Mon corps alors, ô pudeur trop funeste!
Par-tout ailleurs du mal fut préservé,
Hors cet endroit où la rage me reste.

LA FILLE VIOLÉE.

CONTE.

ZENOGRIS, fille grande et forte,
Mais ingénue autant que fille de sa sorte,
Autour d'elle laissa tant roder son amant,
Qu'à la fin, je ne sais comment,
Ses jupes tous les jours devenoient trop étroites.
Comme elle étoit des moins adroites,

Ses parens aussitôt s'apperçurent du cas.
Dieu sait quel bruit et quel fracas
Ce fut dans toute la famille !
Cependant le galant, quoique petit, mal fait,
Etoit riche ; ce point adoucit tout le fait.
D'abord le père de la fille
Va proposer au suborneur
D'épouser Zénogris, pour sauver son honneur.
Épouser est un sort où rarement aspirent
Ceux qu'amour n'a pas fait vainement soupirer,
Et c'est ce qu'à peine ils désirent,
Lorsqu'ils ont tout à desirer.
Aussi Christol (c'est le nom du jeune homme)
A ce triste propos n'eut garde de céder.
On supplie, on menace, on somme ;
Le plus court fut donc de plaider.
Devant les magistrats notre belle éplorée
Se plaint, montrant son ventre à son menton égal,
D'avoir été déshonorée,
Et demande qu'enfin par le nœud conjugal
Cette honte soit réparée.
Christol, d'une mine assurée,
Et fourbe, comme sont les hommes d'aujourd'hui,
Dit que le fait n'est pas de lui
En cent façons on tâche à le surprendre ;
Quelque parti qu'on puisse prendre,
Le drôle adroitement de tout sait se tirer.
Eh bien, messieurs, répond Zénogris désolée,
Puisqu'il m'y force, enfin il faut tout déclarer :

Le perfide m'a violée.
Debout contre une porte arriva l'accident.
Mais comment, dit le président,
Un homme si petit qu'à peine il peut atteindre
De la main jusqu'à votre front,
A-t-il pu debout vous contraindre
A recevoir un tel affront ?
Hélas ! la chose est très-certaine,
Répond Zénogris sans tarder :
Le voyant haleter et souffrir tant de peine,
Je me baissai tant soit peu pour l'aider.
A ces mots de rire éclatèrent
Les juges, et la déboutèrent
De sa vaine prétention.
Si l'on jugeoit sans passion,
Ou plutôt sans prévention,
Tout ce que dans le monde on nomme violence,
L'on verroit que ce n'est que pure fiction,
Et l'on n'y trouveroit que trop de vraisemblance
A cette presente action.

LE RÉVEIL.

CONTE.

N'A pas long-tems qu'avisai Madelon,
Qui reposoit sur la verte fougère ;
Un doux zéphir enfloit son cotillon,
Si que je vis presque à nu son derrière.

A tel aspect, Amour, ce fis-je alors,
Le beau fessier! la chair blanche et polie!
Que Madelon cache à l'œil de trésors!
Lors m'approchant de la belle endormie,
Tout bellement la pris entre mes bras;
Et d'une main qu'Amour rendoit hardie,
Je découvris ses plus secrets appas.
Dormoit toujours la gentille pucelle,
Ou le feignoit, car n'ouvroit la prunelle;
Jamais sommeil ne fut plus apparent.
De l'éveiller me prit la fantaisie,
Et me souvins qu'en cas peu différent
J'avois guéri femelle assez jolie,
De certain mal qu'on nomme pamoison.
Peut-être encor c'est ce mal; que sait-on?
Or, quel malheur, si telle maladie
Faisoit mourir sans secours Madelon!
Sans plus tarder, j'appliquai le remède;
Prêt il étoit, et n'avois besoin d'aide,
Du premier coup la tirai du sommeil:
Lors Madelon se frottant la paupière,
Bon gré, me dit, vous sais de mon réveil;
Et grand plaisir m'avez-vous fait, compère.
Viendrai dormir tous les jours en ce lieu,
Puisque si bien savez comme il faut faire;
Pas ne manquez de m'éveiller; adieu.

LE MAL D'AVENTURE.

CONTE.

ALISON se mouroit d'un mal
Au bout du doigt; mal d'aventure.
Va trouver le père Pascal,
Lui dit sa sœur, et plus n'endure :
Ses remèdes sont excellens ;
Il te guérira, je t'assure,
Il en a pour les maux de dents,
Pour l'écorchure et pour l'enflure ;
Il fait l'onguent pour la brûlure.
Va donc, sans attendre plus tard,
Le mal s'accroît, quand on recule :
Et donne-lui le bonjour de ma part.
Elle va, frappe à la cellule
Du révérend frère Frappart.
Bonjour, mon frère, Dieu vous garde,
Dit-elle, ma sœur vous salue,
Et moi qui suis ici venue,
Lasse à la fin de trop souffrir ;
Mais ma sœur vient de me promettre
Que vous voudrez bien me guérir
Un doigt qui me fera mourir ;
Non, je ne sais plus où le mettre.
Mettez, dit Pascal, votre doigt

Les matins en certain endroit
Que vous savez. Hélas ! que sais-je ?
Dites-le moi, frère Pascal,
Tôt, car mon doigt me fait grand mal.
O l'innocente créature !
Avez-vous la tète si dure ?
Certain endroit que connoissez :
Puisqu'il faut que je vous le dise,
C'est l'endroit par où vous pissez.
Eh bien, m'entendez-vous, Alise ?
Mon frère, excusez ma bêtise,
Répond Alix baissant les yeux,
Suffit, j'y ferai de mon mieux ;
Grand merci de votre recette ;
J'y cours, car le mal est pressé.
Quand votre mal sera passé,
Venez me voir, Alisonnette,
Dit le frère et n'y manquez pas.
Soir et matin à la renverse,
Elle met remède à son mal.
Enfin l'abcès mûrit et perce.
Alison saine, va soudain
Rendre grâce à son médecin,
Et du remède spécifique
Lui vante l'étonnant succès.
Pascal d'un ton mélancolique,
Lui repart : Un pareil abcès
Depuis quatre jours me tourmente ;
Vous seriez ingrate et méchante

Si vous me refusiez le bien
Que vous avez par mon moyen.
Alix, j'ai besoin de votre aide,
Puisque vous portez le remède
Qui sans faute peut me guérir.
Eh quoi! me verrez-vous mourir,
Après vous avoir bien guérie?
Non, dit Alix, non, sur ma vie,
Je ferois un trop grand péché.
Tel crime.... Allons donc, je vous prie,
Guérissez-vous, frère Pascal,
Approchez vîte votre mal.
A ces mots, dom Pascal la jette,
Sans marchander, sur sa couchette,
L'étend bravement sur le dos,
Et l'embrasse. Oh, Dieu, qu'il est gros!
Dit Alix: Quel doigt! eh! de grâce,
Arrêtez.... je le sens qui passe.
Ma chère Alix attends un peu,
Je me meurs.... souffre que j'achève.
Ah! reprit Alix tout en feu,
Vous voilà guéri, l'abcès crêve.

L'ÉCORCHURE.

CONTE.

ANNETTE et le berger Étienne,
Tous deux d'amour épris,
Passoient et les jours et les nuits
A l'ombre des forêts à parler de leurs peines.
Lui, sans certain plaisir ne pouvant être heureux,
Un soir fatal à la vertu d'Annette,
Étienne la pressoit l'œil enflammé d'ardeur.
Son heure étant venue, une langueur secrette
Dont la bergère ençor ignoroit la douceur,
Coule insensiblement jusqu'au fond de son cœur.
Dieux! que vos lois sont inhumaines!
Quel penchant donnez-vous pour des plaisirs si doux,
Dit-elle? Je me rends, Étienne, vengez-vous
De mes rigueurs et de vos peines.
Le berger aussitôt, dévorant d'appétit,
Prend le bout du lacet, ce reste de machine
Que sans nommer chacun devine.
Le bout étoit trop gros, ou le trou trop petit.
La belle crie, il pousse, à la fin il engaîne;
Mais hélas! par malheur, alors le pauvre Étienne
S'écorche en un endroit peu distant du nombril.

Étienne une heure après riant avec Annette,
Vit cet endroit sanglant : Je suis perdu, dit-il,
C'est fait de moi, j'en tiens. Il court, il s'inquiette,
Conte la chose ainsi qu'elle s'est faite.
Pauvre sot, lui dit-on, qui se plaignit jamais
Qu'une fille fût trop bien faite?
Retourne-t-en, demeure en paix,
Et fais gloire de ta blessure.
Je connois des amans, même des plus hupés,
Qui, maudissant dame Nature,
Voudroient bien, comme toi, qu'on les eût écorchés.

LA PUCE.

CONTE.

Le hasard seul, sans l'aide du génie,
Est quelquefois père d'inventions.
Tel est vanté pour les productions,
Qui n'y pensa peut-être de sa vie ;
C'est ce qu'on voit tous les jours en chimie.
Nature tient tous ses trésors ouverts,
Aux ignorans aussi bien qu'aux experts ;
Le tout dépend d'en faire la rencontre ;
Sans la chercher souvent elle se montre.
Nous le voyons par l'exemple d'*Agnès*,
Qui n'étoit fille à découverte aucune,

Mais qui pourtant un matin en fit une,
Que cent nonains vanteront à jamais.
Voici le fait : Suivante d'une dame
Etoit Agnès ; farouche elle avoit l'ame,
Non par vertu, mais par tempérament,
Ainsi qu'on voit qu'il arrive à la femme,
Lorsque le Ciel la traite durement.
La jeune *Agnès* passoit pour fille sage ;
Elle étoit belle et n'avoit que quinze ans.
Auprès d'*Agnès* laquais du voisinage
Ne rencontroient que griffes et que dents.
Jeunes marquis visitoient la maîtresse,
Pour voir *Agnès* ; mais sans distinction,
Agnès par-tout implacable tigresse,
Egard n'avoit à la condition.
Amour, pour faire à son cœur quelque brèche,
Avoit contre elle épuisé mainte flèche,
Sans nul effet ; elle portoit un cœur
Bien cuirassé ; si, que dans sa fureur,
Amour jura de venger cet outrage :
Mais ce courroux tomba sur son auteur ;
Agnès tourna tout à son avantage.
Dans la saison de l'aimable printems,
Un jour (dit-on) de dimanche ou de fête,
Du tendre émail dont Flore orne les champs,
La jeune *Agnès* avoit paré sa tête.
Entre deux monts de roses ou de lys,
Étoit placée une rose naissante,
Qui relevoit leur blancheur ravissante

Et recevoit un nouveau coloris ;
Dans un corset sa taille prisonnière,
Pouvoit tenir sans peine entre dix doigts ;
Sous un jupon d'une étoffe légère,
Un bas de lin paroissoit quelquefois
Tiré si bien, et si blanc à la vúe,
Qu'on auroit cru voir une jambe nue :
Bref, dans l'enclos d'un soulier fait au tour,
Son petit pied inspiroit de l'amour.
L'enfant aîlé, plus espiègle qu'un page,
Comme j'ai dit, lui gardoit une dent.
Voici le tems, dit-il, ça, faisons rage,
Et dérangeons tout ce vain étalage
Chez cet objet qui m'est indifférent.
Aussi-tôt dit, il change de nature ;
Puce devient ; d'abord lui saute au cou,
Au front, au sein, à la main, fait le fou,
Laissant par-tout une vive piquure.
Notre beauté très-sensible à l'assaut,
Cherche la puce, en veut faire justice ;
Mais *Cupidon* esquive par un saut,
Et doucement sous son corset se glisse,
Y fait carnage, et n'en veut déloger.
Fillettes sont bons morceaux à gruger :
L'amour en fait souvent son ordinaire.
Si comme lui je savois me venger,
De par *Saint-Jean !* je ferois bonne chère.
Agnès enfin déchire son corset,
Le jette au loin, arrache sa chemise,

Et montre au jour deux montagnes de lait,
Où sur chacune une fraise est assise.
Elle visite et regarde en tous lieux,
Où s'est caché l'ennemi qui l'assiége;
Mais il étoit déjà loin de ses yeux,
Et lui mordoit une cuisse de neige.
Ce dernier coup accroît ses déplaisirs;
Elle défait sa jupe, toute émue.
Au même instant mille amoureux zéphirs
Vont caresser ce qui s'offre à leur vue,
Et combattant en foule à ses côtés,
Pour une heureuse et douce préférence,
Sauvent l'amour d'une prompte vengeance,
Qui l'attendoit au sein des voluptés.
A la faveur d'un saut, d'une gambade,
Le petit Dieu soutient sa mascarade,
Aux barres joue, et sans cesse fend l'air.
Il vient s'offrir de lui-même à la belle,
Puis il échappe aussi prompt qu'un éclair,
Et fait cent tours de vrai *polichinelle*.
Pendant ce jeu, vers un jeune taillis,
L'amour lorgnoit un portail de rubis,
Fief en tous lieux relevant de Cythère,
Mais que la belle, injuste et téméraire,
Avec chaleur disputoit à Cypris.
Plus mille fois que la nature humaine,
Les immortels sont jaloux de leurs droits.
Puis il étoit question d'un domaine,
A faire seul l'ambition des rois.

Dans son enceinte aux alarmes fermée,
Régnoient en paix les délices des sens;
Il y couloit une source enflammée
De pamoisons et de ravissemens.
Contre tel fort, besoin est de courage :
L'Amour en a bonne provision;
Il fait l'attaque, il force le passage,
Et prend d'assaut ce charmant appanage;
Malgré l'effort de la rébellion. . .
Calmez, *Agnès*, ce courroux qu'on voit naître;
Ne craignez rien pour ce charmant séjour;
Si le premier l'Amour s'en rend le maître,
C'est un tribut qui n'est dû qu'à l'Amour.
Vaines raisons; on court à la vengeance.
Un doigt de rose, à cet effet armé,
Tient, lui tout seul, l'ennemi renfermé,
Et le pressant, l'attaque à toute outrance.
Cupidon fuit par un étroit sentier;
On le poursuit; l'attaque est redoublée;
Le doigt vengeur met l'alarme au quartier,
Et la demeure en est toute troublée.
Les citoyens de ce séjour heureux,
Les doux plaisirs, les charmantes ivresses,
Jusques alors oisifs et langoureux,
Par ce combat sortent de leurs mollesses;
Chacun d'un vol badin et caressant,
S'empresse autour de son aimable mère,
Répand sur elle un charme ravissant,
Lui fait bientôt oublier sa colère.

Ce doigt vengeur, au meurtre destiné,
Fait sous ses coups naître mille délices :
L'Amour lui-même en est tout étonné,
Et se repent déjà de ses malices ;
Il craint de voir son trône abandonné,
Et ses autels privés de sacrifices ;
De son palais enfin la volupté,
Sur l'œil d'*Agnès* pousse une sombre nue ;
Elle se pâme, elle tombe éperdue :
L'Amour s'échappe et court épouvanté
Remplir Vénus d'une alarme imprévue.
De son extase à peine revenue,
L'aimable enfant recommença ce jeu ;
Elle y prit goût, et par elle dans peu
Dans l'Univers la science en fut sue :
Mais nuit et jour, chez le peuple nonain
Il fut en vogue, où cette heureuse histoire
Fut aussi-tôt écrite sur l'airain,
Pour en garder à jamais la mémoire.

LE PLACET.

CONTE.

Du tems qu'il se trouvait en France
Des magistrats un peu galans,
Un intendant à l'audience
Promenoit ses regards parmi ses supplians,

Et recevoit leurs vœux d'un grand air d'importance.

. . . .

Il avise dans un coin, en une humble posture,
Une petite créature
Tenant un placet à la main.
Elle a seize ans, teint de lys et de rose:
Elle a sans doute une bien bonne cause.
Approchez, bel enfant, monseigneur est humain;
Aux opprimés il fut toujours propice;
Ah! sûrement il vous rendra justice.
Monseigneur, en effet, la voit d'un œil benin,
Et lui dit d'une voix discrette:
Petite, à mon lever vous reviendrez demain.
Elle s'en va très-satisfaite.
Toute la nuit, aux yeux de sa grandeur
Viennent s'offrir les appas de la belle:
Quelle taille! quels yeux! quelle aimable pudeur!
Je m'y connois, elle est pucelle.
Nous cueillerons demain cette rose nouvelle,
Ou nous aurons bien du malheur.
La nuit se passe; enfin l'heure du lever sonne,
Monsieur Dumont, garçon intelligent,
A monseigneur apporte un restaurant,
Puis fait entrer la petite personne.
Eh, bonjour, mon cher ange! allons, mettez-vous là. --
Monseigneur, pardonnez... le placet que voillà..-
Nous

Nous avons tout le tems : approchez donc, vous
dis-je.
En vérité vous êtes un prodige.
De cette peau que j'aime la douceur !
Que cette bouche a de fraîcheur !
Je n'ai rien vu de si beau, je l'avoue.
Et de baiser chaque chose qu'il loue ;
Et de son sein louer fort la blancheur ;
Mais monseigneur!.. mais, monseigneur...-
Eh ! ne soyez pas si honteuse.
Ma petite ; écoutez, je veux vous rendre heu-
reuse ;
Mais il vous faut aussi me rendre heureux.
M'entendez-vous ? -Non, monseigneur. -Tant
mieux !
C'est-à-dire qu'il faut........ qu'il faut me laisser
faire. -
Que faites-vous ? Attendez.... écoutez....
« Je suis malade ; j'ai..... » - Que m'importe,
ma chère !
Ah c'est envain que vous me résistez.
Ce fut en vain ; la rose desirée
Fut arrachée en un moment.
On étoit surpris cependant
Que d'aucune épine entourée,
Elle eût cédé trop aisément.
Le placet va bientôt dévoiler ce mystère :
Ouvrez donc ce placet, monseigneur l'intendant.
Il l'ouvre ; il voit : « Madelaine Bellaire

» Ose prier votre grandeur
» De vouloir la soustraire aux injustes poursuites
» Du chirurgien le Vasseur,
» Qui demande cent francs pour cinq ou six
» visites,
» Tisanne, ET CÆTERA, qui n'ont pu la guérir. » –
Seroit-ce vous ? Eh oui, pour vous servir. –
Comment, coquine ! – Eh quoi ! vous êtes en
colère !
Ma faute est-elle volontaire ?
J'ai refusé d'y consentir.
Je disois, pour vous avertir,
« Je suis malade, j'ai..... » La chose étoit bien
claire,
Et puis, de voir mon placet tout d'abord
Vous auriez dû prendre la peine.
Elle avoit raison, Madelaine ;
Et monseigneur sentant son tort,
Promit qu'à l'avenir, crainte d'erreurs nouvelles,
Il liroit les placets, sur-tout ceux des pucelles.

LA PERRUQUE DU CURÉ.

CONTE.

LA nuit un coche ayant versé,
On tomba les uns sur les autres ;
Chacun se crut le cou cassé,
Et dépêchoit ses patenôtres.

Dans l'entre-deux d'un gros fessier,
Un curé fut pris par la nuque,
Il retira son chef entier;
Mais il y laissa sa perruque;
Il la cherche en l'obscurité.
Une dame fort étonnée
Se plaint de sa témérité:
Monsieur, suis-je assez tâtonnée?
Le curé s'excusa beaucoup,
Et pour appaiser son murmure,
Lui dit: Je la tiens pour le coup,
Car j'ai le doigt dans la tonsure.

LE CHAPELIER.

CONTE.

En Avignon étoit un chapelier,
Des mieux tournés, et plus beau cavalier
Qu'on ne peint le dieu de la guerre;
En le voyant, femme ne tardoit guère
A se prendre en si beau lien.
Une comtesse en devint amoureuse;
Elle souhaita d'être heureuse,
Ce qui lui fit employer ce moyen:
Elle envoya chercher Montagne,
Sous mine de faire un chapeau,
A son mari le comte d'Oripeau,

Qui pour lors étoit en campagne.
L'Adonis n'étoit pas si novice en ce point,
Qu'il ne jugeât fort bien que l'aventure
Simplement n'aboutiroit point
A prendre d'un chapeau la burlesque mesure;
Aussi, dès qu'il eut vu parler
Les yeux mourans de la comtesse,
Il crut qu'au fait il pourroit droit aller,
Sans blesser sa délicatesse ;
Pourquoi tirant du bosquet de Paphos,
Ce Dieu que dédaignoit Saphos,
Il l'offre aux regards de la belle.
Le compagnon lui plut si fort,
Qu'elle voulut en orner sa chapelle.
La galante n'avoit pas tort.
Le compagnon étant de taille énorme,
Foulé comme il faut le castor ;
La comtesse fournit la coîffe avec la forme ;
Moyennant quoi le mari fut coîffé
D'un castor fort bien étoffé.
Quoi ! c'est là tout le stratagême,
Dit un valet voyant le drôle à l'atelier ?
Ma foi, sans être chapelier,
J'aurois coîffé monsieur de même.

LE PARDON.

CONTE.

A SON voisin la gentille Isabelle
Fut se plaindre de son époux,
Qui toujours lui cherchoit querelle.
Croyez-moi, dit-il, vengez-vous.
Le conseil plut fort à la belle.
Le galant fut choisi pour servir son courroux.
A chaque heure du jour, c'étoit nouvelle plainte.
Notre couple à l'envi signaloit son ardeur.
Mais la colère du vengeur
En moins de huit jours fut éteinte;
De tout on se lasse à la fin.
La belle que toujours la vengeance aiguillonne,
Six fois fut se plaindre un matin.
Oh! pour le coup, dit le voisin,
Je suis chrétien, je lui pardonne.

LA MULE DU PAPE.

FRÈRE très-cher, on lit dans Saint Mathieu
Qu'un jour le Diable emporta le bon Dieu
Sur la Montagne, et là lui dit: Beau sire,
Vois-tu ces mers, vois-tu ce vaste empire,

Ce nouveau monde inconnu jusqu'ici,
Rome la grande et sa magnificence ?
Je te ferai maître de tout ceci,
Si tu veux me faire la révérence.
Notre seigneur, ayant un peu rêvé,
Dit au démon, que, quoiqu'en apparence
Avantageux le marché fût trouvé,
Il ne pouvoit le faire en conscience,
Ayant toujours ouï dire en son enfance,
Qu'étant si riche on fait mal son salut.
Un tems après notre ami Belzébut
Alla dans Rome; or c'étoit l'heureux âge
Où Rome étoit fourmillière d'élus.
Le pape étoit un pauvre personnage,
Pasteur de gens, évêque, et rien de plus.
L'esprit malin s'en va droit au saint père,
Dans son taudis l'aborde, et lui dit: Frère,
Si tu voulois tâter de la grandeur !
Si j'en voulois, oui, par dieu, monseigneur.
Marché fut fait, et voilà mon pontife
Aux pieds du Diable; et lui baisant la griffe.
Le farfadet, d'un air de sénateur,
Lui met au chef une triple couronne.
Prenez, dit-il, ce que Satan vous donne,
Servez-le bien; vous aurez sa faveur.
O vous, papes! voilà l'unique source
De tous vos biens, comme savez, pour ce
Que le saint père avoit en son tracas
Baisé l'ergot de monsieur Satanas.

Ce fut depuis chose à Rome ordinaire,
Que l'on baisât la mule du saint père.
Or s'il advient que ces petits vers-ci
Tombent ès mains de quelque galant homme,
C'est bien raison qu'il ait quelque souci
De les cacher, s'il fait voyage à Rome.

ODE A PRIAPE.

F..TRE des neuf garces du Pinde,
F..tre de l'amant de Daphné,
Dont le flasque v.. ne se guinde
Qu'à force d'être patiné :
C'est toi que j'invoque à mon aide,
Toi, qui dans les c..., d'un v.. roide,
Lance le f..tre à gros bouillons ;
Priape, soutiens mon haleine,
Et pour un moment dans ma veine
Porte le feu de tes c....lons.

Que tout bande, que tout s'embrase,
Accourez, putains et ribauds.
Que vois-je ! où suis-je ! ô douce extase !
Les cieux n'ont point d'objets si beaux.
Des c....les en bloc arrondies,
Des cuisses fermes et bondies,
Des bataillons de v... bandés,

Des culs ronds sans poils, et sans crottes ;
Des c..., des tétons et des mottes
D'un torrent de f..tre inondés.

Restez, adorables images,
Restez à jamais sous mes yeux;
Soyez l'objet de mes hommages,
Mes législateurs et mes dieux.
Qu'à Priape on élève un temple,
Où jour et nuit l'on vous contemple ;
Au gré des vigoureux f..teurs :
Le f..tre y servira d'offrande,
Les poils des c....les de guirlande,
Les v... de sacrificateurs.

Aigle, baleine, dromadaire,
Insecte, animal, homme, tout
Dans les cieux, sous l'eau, sur la terre ;
Tout nous annonce que l'on f... :
Le f..tre tombe comme grêle,
Raisonnable ou non, tout s'en mêle,
Le c.. met tous les v... en rut ;
Le c.. du bonheur est la voie,
Dans le c.. git toute la joie ;
Mais hors le c.. point de salut.

Quoique plus gueux qu'un rat d'église,
Pourvu que mes c....lons soient chauds,
Et que le poil de mon cul frise,
Je me f... du reste en repos.

Grands de la terre, l'on se trompe,
Si l'on croit que de votre pompe
Jamais je puis être jaloux :
Faites grand bruit, vivez au large ;
Quand j'enc..ne et que je décharge,
Ai-je moins de plaisir que vous ?

Que l'or, que l'honneur vous chatouille,
Sots avares, vains conquérans ;
Vivent les plaisirs de la c....le,
Et f..tre des biens et des rangs.
Achile aux rives du Scamandre
Ravage tout, met tout en cendre ;
Ce n'est que feu, que sang, qu'horreur.
Un c.. paroît ; passe-t-il outre ?
Non, je vois bander mon jean f..tre,
Ce héros n'est plus qu'un f..teur.

De f..teurs la fable fourmille :
Le soleil f..t Leucothoé,
Cynire f..t sa propre fille,
Un Taureau f..t Pasiphaé ;
Pygmalion f.. sa statue,
Le brave Ixion f..t la Nue ;
On ne voit que f..tre couler :
Le beau Narcisse pâle et blême,
Brûlant de se f..tre lui-même,
Meurt en tâchant de s'enc...r.

Socrate, direz-vous, ce sage

Dont on vante l'esprit divin,
Socrate a vomi peste et rage
Contre le sexe féminin;
Mais pour cela le bon apôtre
N'en a pas moins f..tu qu'un autre;
Interprêtons mieux ses leçons:
Contre le sexe il persuade;
Mais sans le cul d'Alcibiade,
Il n'eût pas tant médit des c....

Mais voyons ce brave Cynique,
Qu'un b..gre a mis au rang des chiens,
Se b...ler gravement la pique,
A la barbe des Athéniens:
Rien ne l'émeut, rien ne l'étonne;
L'éclair brille, Jupiter tonne,
Son v.. n'en est point démonté;
Contre le ciel sa tête altière,
Au bout d'une courte carrière,
Décharge avec tranquillité.

Cependant Jupin dans l'Olympe,
Perce des culs, bourre des c...,
Neptune au fond des eaux y grimpe
Nymphes, syrènes et tritons;
L'ardent f..teur de Proserpine
Semble, dans sa c....le divine,
Avoir tout le feu des enfers.
Amis, jouons les mêmes farces;

BETZABÉE.

AUTREFOIS sur le point du jour,
Une certaine Betzabée,
Après sa cornette lavée,
Voulut se laver à son tour.
D'abord fut pour ôter la crasse;
Des doigts à la jambe l'on passe,
De la jambe jusqu'au genou,
Et de là je ne sais pas où;
Tant qu'à la fin, chemise basse,
Elle s'en donna jusqu'au cou,
S'agitant de si bonne grâce,
Qu'un sage en fût devenu fou.
David, du haut de sa terrasse,
Je ne sais comment l'apperçut;
Elle étoit blonde, blanche et grasse:
Le voilà tout d'un coup en rut.
Le grand veneur de telle chasse
D'abord chez la belle courut,
Croyant d'y trouver bonne place.
Il fit l'ambassade qu'il dut;
Mais avecque sa bonne grâce,
La belle assez mal le reçut,
Soit pour la feinte, ou la grimace;
Mais à la fin elle le crut.
David la joint, David l'embrasse;

F

Et tant y fit qu'elle conçut :
La première fois ce ne fut
Qu'afin de mieux marquer la chasse ;
L'enfant naquit, l'enfant mourut.
Mais pour la seconde valut
Un trésor à l'humaine race,
Car de-là vint, comme à Dieu plut,
De main en main, notre salut.
Il faut avouer que la grâce
Fait bien des tours de passe-passe,
Avant d'arriver à son but.

LEÇON A MA FEMME.

Ma femme, allez au diable, ou vivez à ma mode ;
Ma morale n'est pas d'un Caton, d'un fâcheux ;
Je suis pour la vertu commode,
Et la vôtre s'oppose à tout ce que je veux.
J'aime à passer les nuits à table ;
Et vous, qui devriez, avec un air ouvert,
Animer la débauche et la rendre agréable,
Vous faites la grimace et sortez au dessert.
Votre pudeur ne peut soutenir la lumière ;
La seule obscurité contente vos desirs ;
Et pour rendre ma joie entière,
Il faut que le grand jour éclaire mes plaisirs.

Sous une longue jupe avec soin étendue,
Vous cachez ce qu'on doit découvrir aux maris ;
Je ne trouve que des habits,
Et je cherche une femme nue.
Au lieu de me donner des baisers ragoûtans,
Vous me donnez des baisers de grand'mère ;
Vous demeurez sans voix, sans mouvement,
Loin de me seconder dans l'amoureux mystère :
Et quand pour m'exciter au doux jeux de Vénus,
J'ai besoin de vos mains, vous faites la sucrée,
Vous vous fâchez, et n'y touchez non plus
Que si c'étoit chose sacrée.
Je ne puis souffrir cet abus.
Tandis que le sommeil fermoit les yeux d'Ulysse,
Malgré sa mine prude et ses airs réservés,
Pénélope pour exercice,
Avoit toujours la main où vous savez.
Lors qu'Hector et sa femme, en leurs humeurs lubriques,
Usoient des droits d'hymen, ainsi que de raison,
C'étoit comme un signal à tous les domestiques,
Et l'on étoit en rut dans toute la maison.
Si quelquefois il me prend fantaisie,
Comme l'on dit, de tourner le feuillet,
Vous me le refusez tout net.
A son mari la sage Cornélie
Accordoit cette courtoisie ;
Porcie encor le souffroit à Caton.
Avant que Jupiter eût ravi Ganimède,

Junon permettoit sans façon
Qu'il la traitât par intermède,
Comme il traite depuis son aimable échanson.
Mais puisqu'enfin une austère sagesse
A pris sur vous tant de crédit,
Soyez ailleurs une Lucrèce,
Je veux une laïs au lit.

ÉPIGRAMMES LICENCIEUSES.

1.

Un révérend, à face guillerette,
Oyoit le cas d'un jeune débauché,
Qui s'accusa que gente bachelette
Avoit la nuit entre ses bras couché.
Combien de fois s'est commis le péché? --
Trois fois sans plus, répond le camarade. --
Comment! trois fois? dit le père fâché,
En une nuit! vous étiez donc malade?

2.

Au lit de mort, une vieille à confesse,
Qui cinquante ans sous Vénus travailla,
A Bourdaloue exagéroit sans cesse
Les doux plaisirs dont amour la combla.
Oh çà! lui dit l'enfant de Loyola,
Songez à Dieu. -- Je le voudrois, dit-elle;
Mais j'ai toujours un b..gre de v.. là,
Même en mourant, qui me f..t la cervelle.

3.

Certain Mazet, grand faiseur de neuvaines,
Contoit son cas aux pieds d'un franciscain;
Puis, quand il eut nombré quelques fredaines,
Il s'accusa qu'une jeune nonain
L'avoit prié de l'amoureuse affaire.
Le fîtes-vous ? - Nenni, de par saint Pierre !
Onc je ne fus souillé de tels forfaits. -
Dieu d'Israël, dit le révérend père,
Conduits un peu tel gibier dans mes rets,
Puis tu verras si je n'ose le faire.

4.

Un Florentin faisoit son Cupidon,
Et s'ébattoit d'un suisse du saint père;
Le barigel, par sentence sévère,
Le condamna d'aumôner un teston.
Le condamné cria : C'est tyrannie,
Payer vingt sous pour péché si mignon !
Beau justicier! sommes en Italie,
En lieu papal. - Payons sans répartie,
Reprit Dandin; tu l'as bien mérité;
Ton cas n'est point honnête sodomie,
Mais bien péché de bestialité.

5.

Un maître carme, exploitant sœur Alix,
Avoit déjà défilé jusqu'à six.
Ah! c'est assez, finissons, lui dit-elle,
On sonne au chœur, et l'office m'appelle. -
Eh quoi, si vîte! encore un pauvre AVE;

Rien plus, ma sœur, et puis je me retire. -
Qu'un AVE, soit : voyons, je vais le dire
Ça, faites donc, j'y joindrai le SALVE.

6.

La mariée, au saut du lit, jasoit
Sur l'instrument de la paix du ménage,
Et discourant du marié, disoit :
De son fétu neuf pouces sont l'aunage,
Neuf tout en gros : quelle honte, à son âge !
Car, entre nous, il a vingt ans et plus,
Et notre ânon, qui n'a pas davantage
Que dix-huit mois, porte un bon tiers de plus.

7.

Masqué du froc d'un enfant d'Élisée,
Damon pressoit sœur Alix ; et d'abord,
Par cet habit la belle humanisée,
Avec Damon fut aisément d'accord.
Lui, pour l'honneur du froc, fit maint effort ;
Mais six exploits mirent bas le gendarme.
Quoi ! dit Alix, cet homme-ci s'endort
Après six coups ? ah, chien ! tu n'est pas carme.

8.

Du jeu d'amour un aimable tendron,
Sous un cagot faisoit l'apprentissage.
Aisé n'étoit, et j'en sais la raison,
A moissonner le tendre pucelage.
De crier donc la belle faisoit rage,
Et ne prenoit nul plaisir à ce jeu.

Souffrez, souffrez, lui dit cet homme sage,
Souffrez cela pour l'amour du bon Dieu.

9.

Le FAIT, le DROIT, qui, sur le formulaire,
Depuis long-tems partagent les esprits,
Faisoient grand bruit, et l'on traitoit l'affaire
Avec chaleur, lorsque l'on fut surpris
De voir Ninon terminer la querelle,
Et sur le champ trouver ce tour adroit:
Tant qu'il est droit, il n'est pas fait, dit-elle,
Quand il est fait, il cesse d'être droit.

10.

Frère Conrad, en un réduit bien clos,
Par un matin à gentille tourrière,
En vrai béat refait par le repos,
Insinuoit sa cheville ouvrière.
On sonne alors. Ah, contre-tems maudit!
Foin de la cloche et de qui la fondit!
S'écrie Agnès en doublant la croupière.
Le pénaillon, qui plus fort se roidit,
Piquant des deux pour fournir sa carrière,
Serre la sœur, et prêt à faire feu,
Parbleu, dit-il, tu t'étonnes de peu,
Laisse sonner, et réponds du derrière.

11.

De continence un prêtre étant malade;
La faculté n'eut qu'un mot: SI COIT.
Une catin s'offrant à l'accolade,
A quarante ans il dit son INTROIT,

Dont aussitôt le célébrant larmoie.
h quoi ! mignon, dit la fille de joie,
Tu fais si bien, et ja tu t'en repens ?
Eh oui, mardieu ! mais de par saint Avoie !
C'est de men être abstenu si long-tems.

12.

Un capucin ardent et plein de feu,
Dans un bordel excitoit une nonne
Au jeu d'aimer, mais pour l'amour de Dieu,
Gratis, s'entend. Non pas, dit la friponne,
NESCIO VOS, père Zorobabel ;
Je vis du c.. comme vous de l'autel ;
Tirez de l'or, autrement point d'affaires.
De l'or à nous, répond le bouc sacré,
Las ! par nos vœux nous l'avons abjuré,
Mais bien dirai pour vous trente rosaires.

13.

Un mousquetaire, aux pieds d'un vieux billette
Son cas joyeux déduisoit clair et net.
J'ai, lui dit-il, avec un tendre objet,
Depuis long-tems une intrigue secrette.
Ce n'est le tout : ITEM, je suis sujet... –
A quoi ? voyons. – A le faire en levrette. –
D'où vient cela, reprit père Séguin. –
C'est que j'y trouve un pouce au moins de gain :
Ah ! mon enfant, dit le saint personnage,
Pour ton salut, reviens à l'avant-main :
L'esprit pervers, avec ce beau ménage,
M'a fourvoyé cent fois de mon chemin.

14.

Un avocat plus distrait que Ménalque,
Sans haut-de-chausse étoit venu plaider
Contre un mari qui ne pouvoit bander,
Non plus qu'un mort au fond d'un catafalque.
En s'escrimant, l'orateur se troussoit;
Si qu'on voyoit son docteur qui poussoit
AD MULIEREM un argument en règle,
Et fièrement levoit sa tête d'aigle.
Son concurrent le voyant en arrêt,
Tout de son haut cria : maître Forêt,
Habillez-vous, et cachez votre chose;
Vous l'avez-là dans un bel appareil!
L'autre répond! nous perdrons notre cause,
Si ta partie en produit un pareil.

15.

Lucas privoit Alix des droits d'hymen,
Depuis huit jours, quand la chaleur extrême
Fit qu'en dormant elle étendit sa main,
Qui, par hasard, tomba sur l'endroit même
Dont la sevroit cet époux inhumain.
Dans ce moment vous jugez bien peut-être
Qu'au seul toucher la belle s'éveilla :
Pauvre animal! s'écria-t-elle, il a
Du naturel cent fois plus que son maître.

16.

Chaud de boisson, certain docteur en droit,
Voulant un jour baiser sa chambrière,
Fourbit très-bien d'abord le bon endroit;

Puis la virant, preste sur la croupière
Se huche, hélas! quel taon vous a piqué,
Serrant le cul s'écria la commère!
Par-là jamais nous n'avons forniqué. --
Jamais? tant pis : allons laisse-moi faire!
Ne suis-je pas docteur IN UTROQUE.

17.

Un cordelier des plus officieux,
Sur ses genoux branloit certaine abbesse,
Dont tôt après le bon religieux,
En pamoison fit tomber la prêtresse;
En profitant du moment de foiblesse,
Il lui glissa son fringant aiguillon.
Tirez ceci par Saint-Hilarion,
Dit la femelle. A quoi le bon apôtre
Lui repartit : pas tant d'émotion;
Prenez toujours, ce doigt-ci vaut bien l'autre.

18.

Un laboureur des confins de la Bresse,
Paisiblement s'ébattoit d'une ânesse.
On en fit bruit. D'abord le compagnon
Envoie après traiter en Avignon
De cette affaire. Au retour de notre homme:
Eh bien, dit-il, à combien les pardons?
Nous faudra-t-il, cousin, aller à Rome?
Non j'ai tout fait pour quatre ducatons,
Reprit l'agent, y compris le voyage;
Et le légat même, sans tracasser,

Pour environ trois écus davantage,
T'auroit parbleu permis de l'épouser.

19.

Deux gars étoient sur un même paillier,
(L'un franc Picard, et l'autre de Provence)
Qui d'une Agnès, leur commun atelier,
Endoctrinoient tour à tour l'innocence.
Le papier but. Çà, de qui le poupon,
Demanda le juge après à la mère?
Hélas! monsieur, dit-elle, c'est selon;
Moi-même en suis en peine la première:
Si toutefois j'accouche par devant,
C'est au Picard sans faute qu'est l'enfant;
Au Provençal, s'il me vient par derrière.

20.

Un cordelier gageoit à son hôtesse
Qu'il lui feroit douze fois dans la nuit.
Marché fut fait, et Priape se dresse.
Le cordelier en comptoit déjà huit.
Huit! se récrie Alix, ah! tu m'en passe,
Frère Ribaub, et ce n'est pas bien fait
D'en marquer huit, quand ce n'en est que sept.
Mais je vois bien, déjà le jeu te lasse,
Et crois par-là la besogne avancer. --
Moi, vertubleu! tiens, voilà que j'efface
Le tout, allons, c'est à recommencer.

21.

Le médecin d'un écolier malade
Recommanda qu'on gardât de son eau.

On en serra ; mais la garde maussade
L'ayant fait cheoir, à son propre tonneau
Vite en retire et remplit le vaisseau.
Le docteur vient et dit : Ce sont eaux claires
De femme grosse ; on ne m'y trompe guères.
La garde rit, le docteur se défend.
Lors l'écolier : Je l'ai bien dit aux pères,
Qu'ils me feroient tôt ou tard un enfant.

22.

Un capucin ; malade de luxure,
Montroit son cas de virus infecté ;
Et pour cacher du mal la source impure,
La rejetoit sur son austérité.
Ah ! disoit-il au suppôt de Saint-Côme,
Voyez un peu, maître André ! voyez comme
Elle me l'a tout du long écorché.
Quoi ? - Cette robe. - Oui dà, frère Michel ?
Oh ! votre robe est donc, sur ma parole,
Une putain, et gare la vérole.

23.

Au jeu d'Amour, une gente donzelle
Voulut induire un cavalier romain.
L'ultramontain, à son culte fidelle,
La refusoit et même avec dédain,
Quand pour lui plaire, elle tourna soudain
Ce qu'à Jupin Ganimède réserve.
Mais dans son goût, malgré l'offre affermi,
Me fourrer là, dit-il ? Dieu m'en préserve !
Je logerois trop près de l'ennemi.

24.

Brûlé du feu de la concupiscence,
Frère Thibaut vint trouver son gardien.
Jeûnez, mon fils, lui dit sa révérence.
Thibaut jeûna : le jeûne n'y fit rien.
Lors de rechef Thibaut se plaint. Eh bien,
Joignez au jeûne et discipline et haire,
Dit le vieillard. Mais, las ! le pauvre hère
Sentit sa chair encor plus regimber.
Vertu de froc ! succombez-y donc, frère,
Tant que d'un an n'y puissiez retomber.

25.

Par un matin, d'une jeune dévote,
Frère Richard le petit cas oyoit,
Et par un trou promenoit sous sa cotte
Sa douce main dont il la chatouilloit;
De quoi la niaise en larmes lui disoit :
Priez pour moi.... mon père... je suis morte ;
Le Diable m'entre.... au corps... par cette porte
Que vous savez. – Gardez de résister,
Dit le Frater, il faudra bien qu'il sorte,
Quand dans tel lieu sera las d'habiter.

26.

Un couple amoureux s'exerçoit
Au jeu d'amour dans un bosquet,
Croyant n'avoir que les dryades
Pour témoins de ses accolades.
Au plus fort du trémoussement
Quelqu'un parut. Ha ! dit l'agent,

Fuyons. - Nenni, répond la belle ;
Va ton train. - Mais on nous verra, -
Eh ! qu'importe, répliqua-t-elle ?
Je ne connois point ces gens-là.

27.

Jeanneton en la nuit première,
Son mari dessus elle étant,
Remuoit des mieux le derrière,
Et puis disoit en s'ébattant :
Mon doux ami que j'aime tant,
Fais-je pas bien de cette sorte ?
Le mari lors qui se transporte,
Lui répond, de courroux épris :
Oui ; mais que le grand diable emporte !
Ceux qui vous en ont tant appris.

28.

En pleurant l'époux qu'elle perd,
B** vous fait pitié : quelle erreur est la vôtre !
Tel est un bâton de bois verd,
Qui brûle par un bout quand il pleure par l'autre.

29.

Un bucheron fendoit du bois,
Ne se donnant point de relâche,
Et faisant *hem*, à chaque fois,
Qu'il donnoit un grand coup de hache ;
Sa femme craignant quelqu'entorse,
A quoi bon ce *hem* si souvent ?
Ce *hem*, dit-il, accroît la force,
Et le coup entre plus avant.

La nuit, le bon homme joyeux,
Et voulant rire avec sa femme,
Mon mari, dit la bonne dame,
Faites *hem*, il entrera mieux.
Oh non, lui dit-il sans attendre,
Ce seroit *hem* et tems perdu ;
Mon dessein n'est pas de le fendre,
Il n'est déjà que trop fendu.

L'Y GREC.

MARC une béquille avoit
Faite en fourche, et de manière
Qu'à-la-fois elle trouvoit
L'œillet et la boutonnière.
D'une indulgence plénière
Il crut devoir se munir,
Et courut, pour l'obtenir,
Conter le cas au saint père,
Qui s'écria : Vierge Mère !
Que ne suis-je ainsi bâti ?
Va, mon fils, baise, prospère;
GAUDEANT BENÈ NATI.

LE PRÉSERVATIF DE L'ORGUEIL.

CERTAIN novice auprès d'un loyoliste,
Se confessoit d'être entiché d'orgueil ;

Et cependant le nègre sodomiste,
Au jouvenceau faisant joyeux accueil,
Ardoit tout vif en son sacré fauteuil;
Tant qu'à la fin, sous l'ardente gouttière,
Approchant vîte une des mains du frère,
Et l'inondant: Tiens, dit l'humble profès,
Regarde, enfant d'orgueil et de misère,
EX QUO LUTO NASCUNTUR HOMINES.

ÉPIGRAMME.

UN jour Salus oyant la messe,
Entendit une voix d'en haut,
Qui chantoit avec alégresse,
VIT-A-SALUS, d'un ton fort haut.
La belle surprise de joie,
Quoi, dit-elle, le ciel m'envoie,
Connoissant ma nécessité,
Un v.. que j'ai tant souhaité!
Ah! Seigneur, la faveur est grande;
Je promets volontiers à ce bienheureux v..,
Puisqu'il me vient de toi, mon c.. chaud pour offrande.
Mais ayant passé tout le soir
Vainement dans un fol espoir,
Un noir chagrin échauffant lors sa bile,
Elle reprit ainsi d'un ton plein de dépit:
Ah! tout ce que tu dis n'est pas mot d'évangile.

Madame la maréchale de la Motte, à l'occasion d'une voix qu'elle entendit du haut d'une église, où elle étoit avec madame la marquise de Salus, donna le couplet suivant :

Non, je ne serai plus dèvote.....
Je ne dirai plus d'ORÉMUS,
Si l'on ne dit VIT-A-LA-MOTTE,
Comme l'on dit VIT-A-SALUS.

LA FILLE CHARITABLE.

Du bon Guillot le v.. se roidissoit,
Et le poignoit si fort concupiscence,
Que dans un coin se manuélisoit.
La bonne Alix, curieuse s'avance,
Voyant jaillir ce sperme merveilleux:
Ah! quelle malheur! lui dit la bonne dame :
Un peu plus tôt j'eusse empêché qu'aux cieux
N'eussiez, impie, escamotté cette ame.

SERMON CONTRE LE PÉCHÉ DE LA CHAIR.

O MES chers paroissiens, ô brebis déplorables!
S'écrioit un curé prêchant contre la chair;
Si ce péché qui vous met en enfer
Avoit des momens plus durables;

S'il pouvoit se perpétuer
Cent ans, cinquante, dix, un seulement sans pause,
Même pendant un mois sans discontinuer,
Du moins ce seroit quelque chose;
Mais en bien moins de tems vous êtes condamnés.
O nature fragile! ô foiblesse de l'homme!
Savez-vous en combien votre arrêt se consomme?
Je vous en avertis, pécheurs infortunés:
Et zague, zague, zague, et vous voilà damnés.

LE FRÈRE ET LA SŒUR.

Mon chere frère, disoit Sylvie,
Si tu quittois le jeu, que je serois ravie!
Ne le pourras-tu pas abandonner un jour?
Oui, ma sœur, j'en perdrai l'envie,
Quand tu ne feras plus l'amour.
Va, méchant, tu joueras tout le tems de ta vie.

ÉPIGRAMME.

Un homme d'une humeur gaillarde
Appela quelqu'un maquereau,
Qui lui répliqua bieu et beau:
Que votre épouse est babillarde!

LES BELLES JAMBES.

COLIN, poussé d'amour folâtre,
Regardoit à son aise un jour
Les jambes, plus blanches qu'albâtre,
De Rose objet de son amour.
Tantôt il s'adresse à la gauche,
Tantôt la droite le débauche.
Je ne sais plus, dit-il, laquelle regarder;
Une égale beauté fait un combat entr'elles.
Ah ! lui dit Rose, ami, sans plus tarder,
Mettez-vous entre deux pour finir leurs querelles.

LE MARI RAISONNABLE.

ROLAND, allant faire voyage,
Laissa son épouse à Paris.
Elle, usant du droit de veuvage,
Pour un retrouva dix maris.
A son retour, en homme sage,
Roland, loin de faire tapage,
Comme tant d'époux convaincus
Par leur faute de cocuage,
Dit, l'exploitant de grand courage,
Ah, que je fais là de cocus !

LES DEUX AMIS.

AXIOCHUS avec Alcibiades,
Jeunes, bien faits, galans et vigoureux,
Par bon accord, comme grands camarades,
En même nid furent pondre tous deux.
Qu'arriva-t-il ? l'un des deux amoureux
Tant bien exploite autour de la donzelle,
Qu'il en naquit une fille si belle,
Qu'ils s'en vantoient tous deux également.
Le tems venu que cet objet charmant
Put pratiquer les leçons de sa mère;
Chacun des deux en voulut être amant,
Plus n'en voulut l'un ni l'autre être père.
Frère, dit l'un, ah! vous ne sauriez faire,
Que cet enfant ne soit vous tout craché.
Parbleu, dit l'autre, il est à vous, compère,
Je prends sur moi le hazard du péché.

SONNET.

POUR éviter l'ardeur du plus grand jour d'été
Catin dessus un lit dormoit à demi-nue,
Dans un état si beau qu'elle eût même tenté
L'humeur la plus pudique et la plus retenue.
Sa jupe permettoit de voir en liberté
Ce petit lieu charmant qu'elle cache à la vue,

Le centre de l'amour et de la volupté,
La cause du beau feu qui m'enflamme et me tue.
Un si sensible objet, en cette occasion,
Bannissant mon respect et ma discrétion,
Me fit f..tre à l'instant cette belle dormeuse;
Alors elle s'éveille à cet effort charmant,
Et s'écrie aussitôt : Ah! que je suis heureuse!
Les biens, comme l'on dit, me viennent en
dormant.

RONDEAU.

L'AIMABLE cul de Briséis
N'a point de pareil, ni de prix;
Plus rond qu'une boule d'ivoire,
Le croira qui voudra le croire,
J'en ai presque mes sens ravis;
Mon cœur de joie en est épris.
Et j'ai toujours dans ma mémoire
L'aimable cul.
Celui de la reine des ris
Mille fois plus blanc que les lys,
Couronné de grâce et de gloire,
N'est pas si vanté dans l'histoire
Que le sera dans mes écrits
L'aimable cul.

LE CORDELIER CHEVAL.

Blaise à la ville ayant un jour porté
Et bien vendu son avoine et son orge,
Sur un cheval qu'il avoit acheté,
S'en revenoit monté comme un Saint-George.
Saint-George, soit : mais Saint-George descend
A ses besoins, ou quand le pied lui gèle ;
Les pieds gelés, Blaise en vain s'en défend ;
Il lui fallut abandonner la selle,
De cavalier devenir fantassin,
De son cheval lui-même être le guide,
Et dans la neige entr'ouvrir un chemin,
Tirant la bête après lui par la bride.
Suivoient de loin deux grisons bien dispos ;
Non des grisons de l'espèce indolente,
De celui-là qui porta sur son dos
Le palfrenier du fameux Rossinante :
C'étoit de ceux que Bocace nous vante,
De ces matois connus par plus d'un tour
Ou de galant, ou d'espiègle, ou d'ivrogne,
De ces bons saints, qui se firent un jour
Martyriser et cuire en Catalogne ;
Deux cordeliers, pour vous le trancher net,
Suivoient de loin et l'homme et le genet.
Sus, sus, l'ami, dit l'un des deux à l'autre,
Vois devant nous ce rustre et son cheval ;
Faisons ici un tour de carnaval ;

Entendons-nous et la monture est nôtre.
Seulement songe à me bien seconder.
Goutte ne faut avoir ici, ni crampe ;
Je le saurai doucement débrider ;
Toi cependant, habile à t'évader,
Sur le cheval monte, pique et décampe ;
Puis sur nos pas derrière ce clocher,
Tandis qu'à fin je menerai l'affaire,
Tournant tout court, tu courras te cacher ;
Je suis un sot, ou tu n'attendras guère
Que sain et sauf je n'aille t'y chercher.
Le complot fait, et la marche hâtée,
Gaillardement à l'œuvre les voilà ;
Déjà par un voici la bride ôtée,
Et proprement à son col ajustée,
Tandis que l'autre en galopant s'en va,
Sans que le bruit des pieds du quadrupède
Fût, ni ne pût de Blaise être entendu.
Le paillasson sur la plaine étendu,
Un pied de neige y mettoit bon remède.
Au lieu marqué le cavalier alla ;
Qu'il ne soit plus parlé de celui-là.
Son compagnon, cette affaire arrangée,
Resté pour gage et seul dans l'embarras,
Sur les talons de Blaise pas à pas,
La bride au cou pendante et négligée,
La tête basse et l'échine allongée,
Alloit un train dont il étoit bien las,
Quand Blaise aussi, las de marcher lui-même,

Voulut enfin reprendre l'étrier.
Figurez-vous quelle surprise extrême,
Se retournant, de voir un cordelier.
Est-il esprit si fort qui n'y succombe ?
En cas pareil en croirez-vous vos yeux ?
Au pauvre Blaise, homme simple et pieux,
La bride échappe et de la main lui tombe.
Le papelard, humble à fendre les cœurs,
S'agenouillant, et d'un œil de colombe,
Bien tendrement laissant couler des pleurs,
S'écrie : Hélas ! je suis père Panuce,
De Saint-François indigne et lâche enfant,
Que de la chair le démon triomphant,
Dans ses filets fit tomber par astuce.
Que voulez-vous ? le plus sage a bronché ;
Le tentateur mit un morceau d'élite
A l'hameçon : j'y mordis, je péchai ;
J'y remordis, j'y restois attaché ;
C'en étoit fait ; j'allois en proie au diable,
Être du vice à jamais entiché ;
Mais dieu qui veut, en père pitoyable,
L'amendement non la mort du coupable,
Pour me tirer de l'abîme infernal,
Où m'entraînoit cette habitude au mal,
Et m'amener à la résipiscence,
Constitua mon ame en pénitence,
Pendant sept ans, dans le corps d'un cheval.
Le terme expire et vous êtes le maître
De me traiter à votre volonté ;

Ordonnez-

Ordonnez-moi l'écurie ou le cloître,
A vous je suis, vous m'avez acheté.
Eh oui, dit Blaise, au diable soit l'emplette!
J'eus belle affaire à vos péchés passés,
Pour en payer ainsi les pots cassés!
De dieu pourtant la volonté soit faite;
Car après tout, comme vous j'ai péché;
J'ai comme vous mérité pénitence;
Chacun son tour, toute la différence
Qu'ici je vois, dont je suis bien fâché,
La vôtre est faite, et la mienne commence.
Quitte j'en suis encore à bon marché;
Dieu m'auroit pu sept ans envoyer paître;
Un roi pécheur fut bœuf pendant sept ans;
Vous fûtes, vous, cheval un pareil tems:
Un tems pareil, âne je pouvois être,
Et maintenant travaillant au moulin,
Bien autrement je rongerois mon frein.
Eh bien! je perds un assez grosse somme:
Mais cinq cens francs ne sont la mort d'un homme;
Soyez donc libre, et libre sans rançon:
Vous serez sage, et vous n'irez pas comme
Un étourdi, remordre à l'hameçon.
Qui de si près a frisé les chaudières,
Sur son salut n'est pas si négligent;
Père Panuce, au moins pour mon argent,
Souvenez-vous de moi dans vos prières.
Notre bon père alors se prosternant,
Et par trois fois ayant baisé la terre,

Son chapelet et les pieds du manant,
Gai sur ses pas s'en retourne en grand'erre,
Tandis que, triste et le gousset vidé,
Blaise, chargé d'une bride inutile,
En véritable et bel oison bridé,
Regagne à pied son petit domicile.
Il ne dit rien de l'accident fatal,
Et s'en fût tû long-tems, comme on peut croire;
Si quelques mois après dans une foire,
Il n'eût revu, reconnu son cheval
Que marchandoit son compère Grégoire.
Il s'émerveille, et souriant à part,
Ami, dit-il, le tirant à l'écart,
N'achète pas ce cheval, et pour cause,
Tu t'en mordrois les pouces tôt ou tard,
Je le connois; sois bien sûr d'une chose;
C'est qu'un beau jour te panadant en roi
Sur cette bête en effet assez belle,
Crac, en chemin, tout d'un coup au lieu d'elle;
Tu trouveras un cordelier sous toi.
- Un cordelier: tu voudrois que je crusse.....
Un cordelier! tu gausses.. - Point du tout,
Un maître moine ayant cordon, capuce,
Grise vêture, et nom père Panuce.
Lors il conta le fait de bout en bout,
L'achat, la route et la métamorphose,
Et l'hameçon fatal au franciscain,
Et les sept ans de purgatoire, enfin
Tout ce qu'il sait; le reste, il le suppose.

Tiens, poursuit-il, à peine le bourreau
S'est retrouvé sous sa première peau,
Et sous le froc, que perdant la mémoire
Du châtiment qui lui fut si bien dû,
A l'hameçon il aura remordu,
Et... le voilà ! Peste, interrompt Grégoire,
Qu'il aille au diable avec son hameçon,
Et ses sept ans de nouveau purgatoire !
Vraiment sans toi j'étois joli garçon ;
C'est cinq cens francs que je gagne : allons boire.

LES TROIS MANIÈRES.

Que les Athéniens étoient un peuple aimable !
Que leur esprit m'enchante, et que leurs fictions
Me font aimer le vrai sous les traits de la fable !
La plus belle, à mon gré, de leurs inventions,
Fut celle du théâtre, où l'on faisoit revivre
Les héros du vieux tems, leurs mœurs, leurs passions.
Vous voyez aujourd'hui toutes les nations
Consacrer cet exemple, et chercher à le suivre.
Le théâtre instruit mieux que ne fait un gros livre.
Malheur aux esprits faux dont la sotte rigueur
Condamne parmi nous les jeux de Melpomène !
Quand le ciel eut formé cette engeance inhumaine,
La nature oublia de lui donner un cœur.

Un des plus grands plaisirs du théâtre d'Athène
Etoit de couronner, dans des jeux solemnels,
Les meilleurs citoyens, les plus grands des mortels.
En présence du peuple on leur rendoit justice.
Ainsi j'ai vu Villars, ainsi j'ai vu Maurice,
Qu'un maudit courtisan quelquefois censura,
Du champ de la victoire allant à l'opéra,
Recevoir des lauriers de la main d'une actrice.
Ainsi, quand Richelieu revenoit de Mahon,
(Qu'il avoit pris pourtant en dépit de l'envie)
Par-tout sur son passage il eut la comédie;
On lui battit des mains encor plus qu'à Clairon.
Au théâtre d'Eschile, avant que Melpomène
Sur son cothurne altier vînt parcourir la scène,
On décernoit les prix accordés aux amans.
Celui qui, dans l'année, avoit pour sa maîtresse
Fait les plus beaux exploits, montré plus de tendresse,
Mieux prouvé par les faits ses nobles sentimens,
Se voyoit couronné devant toute la Grèce.
Chaque belle plaidoit la cause de son cœur,
De son amant aimé racontoit les mérites,
Après un beau serment dans les formes prescrites,
De ne pas dire un mot qui sentît l'orateur,
De n'exagérer rien, chose assez difficile
Aux femmes, aux amans, et même aux avocats.
On nous a conservé l'un de ces beaux débats,

Doux enfans du loisir de la Grèce tranquille.
C'étoit, il m'en souvient, sous l'arconte Eudamas.
Devant les Grecs charmés trois belles comparurent,
La jeune Églé, Théone et la triste Apamis.
Les beaux esprits de Grèce au spectacle accoururent;
Ils étoient grands parleurs, et pourtant ils se tûrent,
Ecoutant gravement, en demi-cercle assis.
Dans un nuage d'or, Vénus avec son fils,
Prêtoit à leur dispute une oreille attentive.
La jeune Églé commence, Églé simple et naïve,
De qui la voix touchante et la douce candeur
Charmoient l'oreille et l'œil, et pénétroient au cœur.

ÉGLÉ.

Hermotime, mon père, a consacré sa vie
Aux muses, aux talens, à ces dons du génie,
Qui des humains jadis ont adouci les mœurs.
Tout entier aux beaux arts, il a fui les honneurs;
Et sans ambition caché dans sa famille,
Il n'a voulu donner pour époux à sa fille,
Qu'un mortel comme lui, favorisé des dieux,
Elevé dans son art, et qui sauroit le mieux
Animer sur la toile, et chanter sur la lyre
Ce peu de vains attraits que m'ont donné les cieux.

Ligdamon m'adoroit; son esprit sans culture
Devoit, je l'avouerai, beaucoup à la nature;
Ingénieux, discret, poli sans compliment,
Parlant avec justesse, et jamais savamment;
Sans talens, il est vrai, mais sachant s'y connoître.
L'Amour forma son cœur, les Grâces son esprit.
Il ne savoit qu'aimer; mais qu'il étoit grand maître
Dans ce premier des arts que lui seul il m'apprit!
Quand mon père eut formé le dessein tyrannique
De m'arracher l'objet de mon cœur amoureux,
Et de me réserver pour quelque peintre heureux,
Qui feroit de bons vers et sauroit la musique,
Que de larmes alors coulèrent de mes yeux!
Nos parens ont sur nous un pouvoir despotique;
Puisqu'ils nous ont fait naître, ils sont pour nous des dieux.
Je mourrois, il est vrai, mais je mourrois soumise.
Ligdamon s'écarta, confus, désespéré,
Cherchant loin de mes yeux un asyle ignoré.
Six mois furent le terme où ma main fut promise.
Ce délai fut fixé pour tous les prétendans.
Ils n'avoient tous, hélas! dans leurs tristes talens,
A peindre que l'ennui, la douleur et les larmes.
Le tems qui s'avançoit redoubloit mes alarmes;
Ligdamon tant aimé me fuyoit pour toujours;
J'attendois mon arrêt, et j'étois au concours.

Enfin, de vingt rivaux les ouvrages parurent;
Sur leurs perfections mille débats s'émurent;
Je ne pus décider, je ne les voyois pas.
Mon père se hâta d'accorder son suffrage
Aux talens trop vantés du fier et dur Harpage;
On lui promit ma foi, j'allois entre ses bras;
Un esclave empressé frappe, arrive à grands pas,
Apportant un tableau d'une main inconnue;
Sur la toile aussi-tôt chacun porta la vue:
C'étoit moi. Je semblois respirer et parler;
Mon cœur en longs soupirs paroissoit s'exhaler;
Et mon air et mes yeux, tout annonçoit que j'aime;
L'art ne se montroit pas, c'est la nature même,
La nature embellie, et par de doux accords,
L'ame étoit sur la toile aussi bien que le corps;
Une tendre clarté s'y joint à l'ombre obscure,
Comme on voit au matin le soleil de ses traits
Percer la profondeur de nos vastes forêts,
Et dorer les moissons, les fruits et la verdure.
Harpage en fut surpris, il voulut censurer;
Tout le reste se tut et ne put qu'admirer.
Quel mortel, ou quel dieu, s'écrioit Hermotime,
Du talent d'imiter fait un art si sublime?
A qui ma fille enfin devra-t-elle sa foi?
Ligdamon se montrant, lui dit: Elle est à moi;
L'Amour seul est son peintre, et voilà son ouvrage.
C'est lui qui dans mon cœur imprima cette image;

C'est lui qui sur la toile a dirigé ma main.
Quel art n'est pas soumis à son pouvoir divin ?
Il les anime tous. Alors, d'une voix tendre,
Sur son luth accordé Ligdamon fit entendre
Un mélange de sons doux et harmonieux ;
On croyoit être admis dans le concert des dieux.
Il peignit comme Appelle, il chanta comme Orphée.
Harpage en frémissoit, sa fureur etouffée
S'exhaloit sur son front, et brûloit dans ses yeux.
Il prend un javelot de ses mains forcenées,
Il court, il va frapper, je vis l'affreux moment,
Où le traître à sa rage immoloit mon amant,
Où la mort d'un seul coup tranchoit deux destinées.
Ligdamon l'apperçoit; il n'en est point surpris ;
Et de la même main sous qui son luth résonne,
Et qui sut enchanter nos cœurs et nos esprits,
Il combat son rival, l'abat et lui pardonne.
Jugez si de l'Amour il mérite le prix,
Et permettez du moins que mon cœur le lui donne.

Ainsi parloit Eglé. L'Amour applaudissoit,
Les Grecs battoient des mains, la belle rougissoit ;
Elle en aimoit encore son amant davantage.

Théone se leva : son air et son langage
Ne connurent jamais les soins étudiés ;

Les Grecs, en la voyant se sentoient égayés.
Théone, souriant, conta son aventure,
En vers moins alongés, et d'une autre mesure,
Qui courent avec grâce, et vont à quatre pieds,
Comme en fit Hamilton, comme en fait la nature.

THÉONE.

Vous connoissez tous Agaton,
Il est plus charmant que Nirée.
A peine d'un naissant coton
Sa ronde joue étoit parée;
Sa voix est tendre; il a le ton
Comme les yeux de Cythérée.
Vous savez de quel vermillon
Sa blancheur vive est colorée.
La chevelure d'Apollon
N'est pas si longue et si dorée.
Je le pris pour mon compagnon,
Aussi-tôt que je fus nubile.
Ce n'est pas sa beauté fragile,
Dont mon cœur fut le plus épris;
S'il a les grâces de Pâris,
Mon amant a le bras d'Achille.

Un soir dans un petit bateau,
Tout auprès d'une isle cyclade,
Ma tante et moi goûtions sur l'eau
Le plaisir de la promenade,
Quand de Lydie un gros vaisseau
Vient nous aborder à la rade.

Le vieux capitaine écumeur
Venoit souvent dans cette plage
Chercher des filles de mon âge
Pour les plaisirs du gouverneur.
En moi je ne sais quoi le frappe ;
Il me trouve un air assez beau ;
Il laisse ma tante, il m'échappe,
Il m'enlève comme un moineau,
Et va me vendre à son satrape.
Ma bonne tante, en glapissant,
Et la poitrine déchirée,
S'en retourne au port du Pirée
Raconter au premier passant
Que sa Théone est égarée ;
Que de Lydie un armateur,
Un vieux pirate, un revendeur
De la féminine denrée,
S'en est allé livrer ma fleur
Au commandant de la contrée.
Pensez-vous alors qu'Agaton
S'amusât à verser des larmes,
A me peindre avec un crayon,
A chanter sa perte et mes charmes
Sur un petit psaltérion ?
Pour me ravoir il prit les armes ;
Mais n'ayant pas de quoi payer
Seulement le moindre estafier,
Et se fiant sur sa figure,
D'une fille il prit la coîffure,

Le tour de gorge et le panier.
Il cacha sous son tablier
Un long poignard et son armure,
Et courut tenter l'aventure
Dans la barque d'un nautonnier.
Il arrive au bord du Méandre
Avec son petit attirail.
A ses attraits, à son air tendre,
On ne manqua pas de le prendre
Pour une ouaille du bercail
Où l'on m'avoit déjà fait vendre;
Et dès qu'à terre il put descendre,
On l'enferma dans mon sérail.
Je ne crois pas que de sa vie
Une fille ait jamais goûté
Le quart de la félicité
Qui combla mon ame ravie,
Quand dans un sérail de Lydie
Je vis mon grec à mon côté,
Et que je pus en liberté
Récompenser la nouveauté
D'une entreprise si hardie.
Pour époux il fut accepté.
Les dieux seuls daignèrent paroître
A cet hymen précipité;
Car il n'étoit point là de prêtre;
Et comme vous pouvez penser,
Des valets on peut se passer,
Quand on est sous les yeux du maître.

Le soir, le satrape amoureux,
Dans mon lit, sans cérémonie,
Vint m'expliquer ses tendres vœux.
Il crut, pour appaiser ses feux,
N'avoir qu'une fille jolie;
Il fut surpris d'en trouver deux.
Tant mieux, dit-il, car votre amie,
Comme vous, est fort à mon gré.
J'aime beaucoup la compagnie;
Toutes deux je contenterai,
N'ayez aucune jalousie.
Après sa petite leçon,
Qu'il accompagnoit de caresses,
Il vouloit agir tout de bon;
Il exécutoit ses promesses,
Et je tremblois pour Agaton:
Mais mon grec, d'une main guerrière,
Le saisissant par la crinière,
Et tirant son estramaçon,
Lui fit voir qu'il étoit garçon,
Et parla de cette manière :

« Sortons tous trois de la maison,
Et qu'on me fasse ouvrir la porte;
Faites bien signe à votre escorte
De ne suivre en nulle façon :
Marchons tous les trois au rivage;
Embarquons-nous sur un esquif,
J'aurai sur vous l'œil attentif;

Point

Point de geste, point de langage.
Au premier signe un peu douteux,
Au clignement d'une paupière,
A l'instant je vous coupe en deux,
Et vous jette dans la rivière. »

Le satrape étoit un seigneur
Assez sujet à la frayeur;
Il eut beaucoup d'obéissance;
Lorsqu'on a peur on est fort doux.
Sur la nacelle en diligence
Nous l'embarquâmes avec nous.
Sitôt que nous fûmes en Grèce,
Son vainqueur le mit à rançon;
Elle fut en sonnante espèce,
Elle étoit forte, il m'en fit don:
Ce fut ma dot et mon douaire.

Avouez qu'il a su plus faire
Que le bel esprit Ligdamon;
Et que j'aurois fort à me plaindre,
S'il n'avoit songé qu'à me peindre,
Et qu'à me faire une chanson.

Les Grecs furent charmés de la voix douce et vive,
Du naturel aisé, de la gaîté naïve,
Dont la jeune Théone anima son récit.
La grâce en s'exprimant vaut mieux que ce qu'on dit.

On applaudit, on rit; les Grecs aimoient à rire.
Pourvu qu'on soit content, qu'importe qu'on admire?

Apamis s'avança les larmes dans les yeux;
Ses pleurs étoient un charme, et la rendoient plus belle.
Les Grecs prirent alors un air plus sérieux,
Et dès qu'elle parla, les cœurs furent pour elle.
Apamis raconta ses funestes amours
En mètres qui n'étoient ni trop longs ni trop courts;
Dix syllabes par vers mollement arrangées,
Se suivoient avec art et sembloient négligées;
Le rithme en est facile, il est mélodieux.
L'hexamètre est plus beau, mais par fois ennuyeux.

APAMIS.

L'astre cruel sous qui j'ai vu le jour,
M'a fait pourtant naître dans Amathonte:
Lieux fortunés, où la Grèce raconte
Que le berceau de la mère d'Amour
Par les plaisirs fut apporté sur l'onde!
Elle y naquit pour le bonheur du monde,
A ce qu'on dit, mais non pas pour le mien.
Son culte aimable, et sa loi douce et pure,
A ses sujets n'avoient fait que du bien,
Tant que sa loi fut celle de nature.
Le rigorisme a souillé ses autels;

Les Dieux sont bons, les prêtres sont cruels.
Les novateurs ont voulu qu'une belle,
Qui par malheur, deviendroit infidelle,
Iroit finir ses jours au fond de l'eau,
Où la déesse avoit eu son berceau,
Si quelqu'amant ne se noyoit pour elle.
Pouvoit-on faire une loi si cruelle ?
Hélas! faut-il le frein d'un châtiment
Aux cœurs bien nés pour aimer constamment ?
Et si jamais à la foiblesse en proie,
Quelque beauté vient à changer d'amant,
C'est un grand mal, mais faut-il qu'on la noie ?
Tendre Vénus! vous qui fîtes ma joie
Et mon malheur! vous qu'avec tant de soin
J'avois servie avec le beau Batile,
D'un cœur si droit d'un esprit si docile,
Vous le savez, je vous prends à témoin,
Comme j'aimois, et si j'avois besoin
Que mon amour fût nourri par la crainte!
Des plus beaux nœuds la pure et douce étreinte
Faisoit un cœur de nos cœurs amoureux.
Batile et moi, nous respirions ces feux
Dont autrefois a brûlé la déesse.
L'astre des cieux en commençant son cours,
En l'achevant, contemploit nos amours;
La nuit savoit quelle étoit ma tendresse.
Arénorax, homme indigne d'aimer,
Au regard sombre, au front triste, au cœur traître,

D'amour pour moi parut s'envenimer,
Non s'attendrir ; il le fit bien connoître.
Né pour haïr, il ne fut que jaloux.
Il distilla les poisons de l'envie ;
Il fit parler la noire calomnie.
O délateurs ! monstres de ma patrie !
Nés de l'enfer ! hélas ! rentrez-y tous.
L'art contre moi mit tant de vraisemblance,
Que mon amant put même s'y tromper,
Et l'imposture accabla l'innocence.
Dispensez-moi de vous développer
Le noir tissu de sa trame secrette,
Mon tendre cœur ne peut s'en occuper,
Il est trop plein de l'amant qu'il regrette.
A la déesse en vain j'eus mon recours,
Tout me trahit, je me vis condamnée
A terminer mes maux et mes beaux jours,
Dans cette mer où Vénus étoit née.
On me menoit au lieu de mon trépas ;
Un peuple entier mouilloit de pleurs mes pas,
Et me plaignoit d'une plainte inutile,
Quand je reçus un billet de Batile,
Fatal écrit qui changeoit tout mon sort !
Trop cher écrit plus cruel que la mort !
Je crus tomber dans la nuit éternelle,
Quand je l'ouvris, quand j'apperçus ces mots :
« Je meurs pour vous, fussiez-vous infidelle. »
C'en étoit fait : mon amant dans les flots
S'étoit jeté pour me sauver la vie.

On l'admiroit, en poussant des sanglots.
Je t'implorois, ô mort ! ma seule envie,
Mon seul devoir ! On eut la cruauté
De m'arrêter lorsque j'allois le suivre.
On m'observa, j'eus le malheur de vivre.
De l'imposteur la sombre iniquité
Fut mise au jour et trop tard découverte,
Du talion il a subi la loi ;
Son châtiment répare-t-il ma perte ?
Le beau Batile est mort, et c'est pour moi.
Je viens à vous, ô juges favorables !
Que mes soupirs, que mes funèbres soins
Touchent vos cœurs, que j'obtienne du moins
Un appareil à des maux incurables.
A mon amant dans la nuit du trépas
Donnez le prix que ce trépas mérite ;
Qu'il se console aux rives du Cocyte,
Quand sa moitié ne se console pas.
Que cette main qui tremble et qui succombe,
Par vos bontés encor se ranimant,
Puisse à vos yeux écrire sur sa tombe :
ATHÈNE ET MOI, COURONNONS MON AMANT.
Disant ces mots, ses sanglots l'arrêtèrent ;
Elle se tut ; mais ses larmes parlèrent.
Chaque juge fut attendri :
Pour Églé d'abord ils penchèrent ;
Avec Théone ils avoient ri,
Avec Apamis ils pleurèrent.
J'"gnore, et j'en suis bien marri,

Quel est le vainqueur qu'ils nommèrent.
Au coin du feu, mes chers amis,
C'est pour vous seuls que je transcris
Ces contes tirés d'un vieux sage.
Je m'en tiens à votre suffrage,
C'est à vous de donner le prix,
Vous êtes mon aréopage.

THÉLÈME ET MACARE.

THÉLÈME est vive, elle est brillante,
Mais elle est bien impatiente;
Son œil est toujours ébloui,
Et son cœur toujours la tourmente.
Elle aimoit un gros réjoui,
D'une humeur toute différente.
Sur son visage épanoui,
Est la sérénité touchante;
Il écarte à la fois l'ennui
Et la vivacité bruyante.
Rien n'est plus doux que son sommeil;
Rien n'est plus doux que son réveil;
Le long du jour il vous enchante.
Macare est le nom qu'il portoit.
Sa maîtresse inconsidérée,
Par trop de soins le tourmentoit:
Elle vouloit être adorée.
En reproches elle éclata:

Macare en riant la quitta ;
Elle courut étourdiment
Chercher de contrée en contrée,
Son infidelle et cher amant,
N'en pouvant vivre séparée.
Elle va d'abord à la cour:
Auriez-vous vu mon cher amour ?
N'avez-vous point chez vous Macare ?
Tous les railleurs de ce séjour
Sourirent à ce nom bisarre.
Comment ce Macare est-il fait ?
Où l'avez-vous perdu, ma bonne ?
Faites nous un peu son portrait.
Ce Macare qui m'abandonne,
Dit-elle, est un homme parfait,
Qui n'a jamais haï personne,
Qui de personne n'est haï,
Qui de bons sens toujours raisonne,
Et qui n'eut jamais de souci.
A tout le monde il a su plaire.
On lui dit : Ce n'est pas ici
Que vous trouverez votre affaire,
Et les gens de ce caractère
Ne vont pas dans ce pays-ci.
Thélème marcha vers la ville.
D'abord elle trouve un couvent,
Et pense dans ce lieu tranquille
Rencontrer son tranquille amant.
Le souprieur lui dit : Madame,

Nous avons long-tems attendu
Ce bel objet de votre flamme,
Et nous ne l'avons jamais vu;
Mais nous avons en récompense,
Des vigiles, du tems perdu,
Et la discorde et l'abstinence.
Lors un petit moine tondu
Dit à la dame vagabonde:
Cessez de courir à la ronde
Après votre amant échappé;
Car, si l'on ne m'a pas trompé,
Ce bon homme est dans l'autre monde.
A ce discours impertinent,
Thélème se mit en colère:
Apprenez, dit-elle, mon frère,
Que celui qui fait mon tourment,
Est né pour moi, quoi qu'on en dise;
Il habite certainement
Le monde où le destin m'a mise,
Et je suis son seul élément.
Si l'on vous fait dire autrement,
On vous fait dire une sottise.
La belle courut de ce pas
Chercher au milieu du fracas,
Celui qu'elle croyoit volage.
Il sera peut-être à Paris,
Dit-elle, avec les beaux esprits,
Qui l'ont peint si beau et si sage.
L'un d'eux lui dit: Sur mon avis

Vous pourriez vous tromper, peut-être.
Macare n'est qu'en nos écrits ;
Nous l'avons peint sans le connoître.
Elle aborda près du palais,
Ferma les yeux et passa vîte.
Mon amant ne sera jamais
Dans cet abominable gîte.
Au moins la cour a des attraits,
Macare auroit pu s'y méprendre ;
Mais les noirs suivans de Thémis
Sont les éternels ennemis
De l'objet qui me rend si tendre.
Thélème au temple de Rameau,
Chez Melpomène, chez Thalie,
Au premier spectacle nouveau,
Croit trouver l'amant qui l'oublie.
Elle est priée à ce repas,
Où président les délicats,
Nommés la bonne compagnie.
Des gens d'un agréable accueil,
Y semblent au premier coup-d'œil,
De Macare être la copie :
Mais plus ils étoient occupés
Du soin flatteur de le paroître,
Et plus à ses yeux détrompés,
Ils étoient éloignés de l'être.
Enfin, Thélème au désespoir,
Lasse de chercher sans rien voir,
Dans sa retraite alla se rendre.

Le premier objet qu'elle y vit,
Fut Macare auprès de son lit,
Qui l'attendoit pour la surprendre.
Vivez avec moi désormais,
Dit-il, dans une douce paix,
Sans trop chercher, sans trop prétendre;
Et si vous voulez posséder
Ma tendresse avec ma personne,
Gardez de jamais demander
Au-delà de ce que je donne.
Les gens, de grec enfarinés,
Connoîtront Macare et Thélème,
Et vous diront sous cet emblême,
A quoi nous sommes destinés.
Marcare, c'est toi qu'on desire,
On t'aime, on te perd; et je crois
Que je t'ai rencontré chez moi;
Mais je me garde de le dire.
Quand on se vante de t'avoir,
On en est privé par l'envie;
Pour te garder il faut savoir
Se cacher et cacher sa vie.

A UN MARI QUI BAT SA FEMME.

Battre ta femme de la sorte,
Sous tes pieds la laisser pour morte,
Et d'un bruit scandaleux les voisins alarmer;
Tu vas passer pour un infâme:

Compère, l'on sait bien qu'il faut battre une
femme,
Mais il ne faut pas l'assommer.

AZOLAN.

A SON aise, dans son village
Vivoit un jeune musulman,
Bien fait de corps, beau de visage,
Et son nom étoit Azolan.
Il avoit transcrit l'alcoran,
Et par cœur il alloit l'apprendre.
Il fut, dès l'âge le plus tendre,
Dévot à l'ange Gabriel.
Ce ministre emplumé du ciel,
Un jour chez lui daigna descendre:
J'ai connu, dit-il, mon enfant,
Ta dévotion non commune;
Gabriel est reconnoissant,
Et je viens faire ta fortune;
Tu deviendras dans peu de tems
Iman de la Mecque et Médine;
C'est, après la place divine
Du grand commandeur des croyans,
Le plus opulent bénéfice
Que Mahomet puisse donner.
Les hommes vont t'environner,
Quand tu seras en exercice.
Mais il faut me faire serment

De ne toucher femme ni fille,
De n'en voir jamais qu'à la grille ;
Et de vivre très-chastement.
Le beau jeune homme étourdiment,
Pour avoir des biens de l'église,
Conclut cet accord imprudent,
Sans penser faire une sottise.
Monsieur l'Iman fut enchanté
De l'éclat de sa dignité,
Et même encor de la finance
Dont il se vit d'abord payé
Par un receveur d'importance,
Qui la partageoit par moitié.
Tant d'honneur et tant d'opulence
N'étoient rien sans un peu d'amour.
Tous les matins au point du jour,
Le jeune Azolan, tout en flamme,
Et par son serment empêché,
Se dit dans le fond de son ame,
Qu'il a fait un mauvais marché.
Il rençontre la belle Amine,
Aux yeux charmans, au teint fleuri ;
Il l'adore, il en est chéri.
Adieu la Mecque, adieu Médine,
Adieu l'éclat d'un vain honneur,
Et tout ce pompeux esclavage :
La seule Amine aura mon cœur,
Soyons heureux dans mon village.
L'archange aussitôt descendit,

Pour lui reprocher sa foiblesse ;
Le tendre amant lui répondit :
« Voyez seulement ma maîtresse ;
Vous vous êtes moqué de moi,
Notre marché fait mon supplice.
Je ne veux qu'Amine et sa foi,
Reprenez votre bénéfice.
Du bon prophète Mahomet
J'adore à jamais la prudence ;
Aux élus l'amour il permet ;
Il fait bien plus, il leur promet
Des Amines pour récompense.
Allez, mon très-cher Gabriel,
J'aurai toujours pour vous du zèle,
Vous pouvez retourner au ciel,
Je n'y veux pas aller sans elle ».

L'ORIGINE DES MÉTIERS.

QUAND Prométhée eut formé son image
D'un marbre blanc façonné par ses mains,
Il épousa, comme on sait, son ouvrage :
Pandore fut la mère des humains.

Dès qu'elle put se voir et se connoître,
Elle essaya son sourire enchanteur,
Son doux parler, son maintien séducteur,
Parut aimer, et captiva son maître ;

Et Prométhée à lui plaire occupé
Premier époux, fut le premier trompé.

Mars visita cette beauté nouvelle.
L'éclat du dieu, son air mâle et guerrier,
Son casque d'or, son large bouclier,
Tout le servit, et Mars triompha d'elle.

Le dieu des mers en son humide cour
Ayant appris cette bonne fortune,
Chercha la belle et lui parla d'amour :
Qui cède à Mars peut se rendre à Neptune.

Le blond Phébus, de son brillant séjour
Vit leurs plaisirs, eut la même espérance ;
Elle ne put faire de résistance
Au dieu des vers, des beaux arts et du jour.

Mercure étoit le dieu de l'éloquence ;
Il sut parler, il eut aussi son tour.

Vulcain sortant de sa forge embrasée,
Déplut d'abord, et fut très-maltraité ;
Mais il obtint par importunité
Cette conquête aux autres dieux aisée.

Ainsi Pandore occupa ses beaux ans,
Puis s'ennuya sans en savoir la cause.
Quand une femme aime dans son printems,
Elle ne peut jamais faire autre chose.
Mais pour les dieux, ils n'aimoient pas long-tems.
Elle avoit eu pour eux des complaisances,

Ils la quittoient. Elle vit dans les champs
Un gros satyre, et lui fit les avances.

Nous sommes nés tous de ces passe-tems;
C'est des humains l'origine première;
Voilà pourquoi nos esprits, nos talens,
Nos passions, nos emplois, tout diffère.
L'un eut Vulcain, l'autre Mars pour son père;
L'autre un satyre, et bien peu d'entre nous
Sont descendus du dieu de la lumière.
De nos parens nous tenons tous nos goûts:
Mais le métier de la belle Pandore,
Quoique peu rare, est encor le plus doux,
Et c'est celui que tout Paris honore.

L'AMOUR ET LA FOLIE.

ODE ANACRÉONTIQUE.

J'AVOIS juré d'être sage,
Mais avant peu j'en fus las;
O raison! c'est bien dommage,
Que l'ennui suive tes pas.

J'eus recours à la Folie;
Je nageai dans les plaisirs:
Le tems dissipa l'orgie,
Et je perdis mes desirs.

Entr'elles je voltigeai;

L'une et l'autre se ressemble,
Et je les apprivoisai,
Pour les faire vivre ensemble.

Depuis dans cette union
Je coule ma douce vie :
J'ai pour femme la Raison,
Pour maîtresse la Folie.

Tour à tour mon goût volage
Leur partage mes desirs ;
L'une a soin de mon ménage,
Et l'autre de mes plaisirs.

LES GRACES RÉFORMÉES.

LORSQU'EN t'instruisant tu t'amuses
A considérer tous ces dieux,
Dont tant de favoris des Muses
Ont pris soin de peupler les cieux,
» On en pourroit, dis-tu, réformer quelques classes ;
L'abondance des biens en fait tomber le prix.
Pourquoi, par exemple, trois Grâces ?
Une seule eût suffi. » D'accord, jeune Philis :
Mais il étoit peu vraisemblable
Qu'une seule beauté rassemblât tant d'appas ;
Puisqu'on ne te connoissoit pas,
Cette erreur étoit pardonnable.

ALCIBIADE A GLYCÈRE.

TOI, dont le teint est plus frais que les fleurs,
Toi, que l'Amour nomma sa bouquetière,
Qui, près du temple embelli pour sa mère,
Vends tes bouquets et voles tous les cœurs!
Console-moi, mon aimable Glycère.
Loin du bosquet, où tu comblas mes vœux,
Où le plaisir te fit ma souveraine,
J'habite, hélas! des palais fastueux;
Je suis l'amant d'une superbe reine:
Glycère, hélas! je suis bien malheureux!
Ah! que le trône, ah! que son étalage
Nuit aux desirs, effarouche l'amour!
Sur les carreaux je m'endors à la cour,
Comme avec toi je veillois au village.
L'ombre d'un hêtre, un asyle écarté,
Une bergère au printems de son âge,
Pour un amant, ainsi que pour un sage,
Sont plus qu'un trône et qu'une majesté.
Vénus jamais ne porte un diadême.
Comme le tien, son front est ceint de fleurs,
La beauté seule est son pouvoir suprême,
Et ses palais des berceaux enchanteurs.
Quand sous leur voûte Adonis, en silence,
Etoit conduit par la main du desir,
Vénus alors oubliant sa puissance,

Etoit mortelle en faveur du plaisir.
Vénus souvent descendoit sur la terre ;
Son fils, lui seul, étoit son confident.
Pour son amant, Vénus étoit bergère,
Ne pouvant faire un dieu de son amant.
Mais le moyen (pardonnez, grande reine)
D'être amoureux avec tant d'apparat !
L'amour heureux que révolte une chaîne,
S'il est trop vu, n'est jamais délicat.
Qu'auprès de vous, retenu par lui-même,
Libre toujours, il soit toujours constant !
On a chez vous une charge d'amant :
Ah! comment donc voulez-vous qu'on vous aime?
N'ayez donc plus de premier écuyer,
Qui chaque soir vienne me réveiller,
En me disant, d'une voix bien hautaine :
Allons, seigneur, c'est assez sommeiller,
Allons, seignenr, venez.... aimer la reine.
Tenez, madame, afin d'en mieux jouir,
Ne réglez plus les instans du plaisir.
L'occasion, le caprice est son guide ;
Comme l'Amour, il aime à voltiger.
Que le hasard toujours lui seul décide
Le vrai moment et l'heure du berger.
Que sans éclat, sans importante escorte,
En tâtonnant, sur-tout sans écuyer,
J'entre, pieds nus, par un autre escalier,
Dont vous m'aurez vous-même ouvert la porte.
Que souvent même, et sans aide et sans bruit,

Prenant alors, dans l'ombre de la nuit,
Un pet-en-l'air pour tunique royale,
Sa majesté, se faisant mon égale,
Vienne trouver son amant dans son lit :
Respectant moins j'aimerai davantage,
Pour vos attraits, j'oublierai tous vos droits ;
Et vous verrez, reine, que quelquefois
Un froid respect vaut bien moins qu'un outrage.
Mais pour l'Amour ouvrir les deux battans,
Le promener, suivi d'une brigade,
Sous les lambris de vingt appartemens,
Le recevoir sur un lit de parade,
Beau lit d'honneur, fastueux ornemens,
Superbe dais, magnifique retraite,
Où l'on s'endort, où l'on donne, en bâillant,
A sa grandeur un baiser d'étiquette....
C'est un enfant que le dieu de Paphos ;
Il veut voler sans esclave et sans maître :
Il veut souvent entrer par la fenêtre,
Quelquefois même il y veut des barreaux.
Le bruit l'effraie et le fait disparoître :
L'obstacle seule irrite ses desirs ;
Pour le détruire, il sait le faire naître :
S'il est tranquille, il n'a plus de plaisir.....

C'est chez toi seule, ô ma belle Glycère !
Que cet enfant prodigue mon bonheur ;
Tu sais tromper, mais aussi tu sais plaire.
Il faut tromper dans l'amoureux mystère,
Puisque l'Amour est lui-même un trompeur.

Que tu lui dois, friponne, de guirlandes
Pour tous les biens dont il sut te parer !
Et ce n'est pas toujours par les offrandes
De tes bouquets que tu dois l'honorer.
Il te doua, pour soutenir sa gloire,
De deux grands yeux tant soit peu libertins.
Il t'eût fait tort de plus d'une victoire,
S'il t'en avoit donné de moins coquins.
Il te fit belle, et qui plus est, jolie ;
Il prit plaisir à former les contours
De ce beau sein que tu caches toujours,
Pour qu'à le voir toujours on s'étudie.
N'oubliant rien, il t'apprit à rougir,
Même à pleurer ; il unit dans Glycère,
Pour tout charmer, pour tout assujettir,
L'air de Laïs aux traits d'une bergère :
Glycère a tout pour donner du plaisir....
Le souvenir de tes seules caresses
Fait plus sur moi que la réalité
Des grands baisers, des royales tendresses
Dont m'ennuiera dans peu sa majesté.
Hélas ! ici la pourpre m'environne,
Je suis chargé de dorures et d'ennuis.
De beaux œillets par toi-même cueillis
Formoient chez toi mon dais et ma couronne.
Nous n'avions point de superbes habits ;
Le goût faisoit notre magnificence ;
Mais nous avions, Glycère, en récompense,
De bien beaux jours et de plus belles nuits.

L'Amour jamais n'exigea de parure ;
Jamais l'Amour ne consulte un miroir ;
Ses blonds cheveux flottent à l'aventure :
L'or n'est point fait pour meubler un boudoir.
Je n'aime point ce superbe étalage,
Tous ces réseaux, ennemis du desir,
Toujours armés contre la main volage
Qui veut errer dans le champ du plaisir :
La volupté s'en indigne et murmure.

Chez toi, Glycère, on craint peu ce destin ;
On n'y reçoit jamais d'égratignure,
Que de la rose éparse dans ton sein.
Mais que l'on doit chérir cette piquure,
Lorsque la bouche, au sourire enfantin,
Vient elle-même essuyer la blessure !
Ces longs repas, que l'on nomme festins,
Où près de vous l'ennui se met à table,
Valent-ils donc ces soupers clandestins,
Où le plaisir sait toujours rendre aimable ?
Où la douceur de tromper un jaloux,
Un vieux Midas, ajoute à notre joie ;
Où, sans projet, le rire se déploie ;
Où, sans juger les sages ni les fous,
Nous oublions tout l'univers pour nous ;
Où l'appétit, qui naît du plaisir même,
De tous les plats se fait le cuisinier ;
Où libertin et gourmand par système,
L'on mange bien et l'on s'aime de même ;
Où l'on est deux sans crainte de bâiller.

Ah ! que me font toutes ces cassolettes ,
Tous ces parfums , tous ces vases brillans ,
Ces dais couverts de cent mille paillettes ,
Où l'on respire un insipide encens ?
J'aime bien mieux cette simple corbeille ,
Où le matin , quand le timide oiseau
Vient t'annoncer que l'aurore s'éveille ,
Ta main confond les lys et le barbeau ;
Ce beau panier que la rose couronne ,
Qui , dans tes mains , de l'Amour est le trône ,
Et qui jadis lui servit de berceau....
Mais dis-moi donc , que servent à la reine
Tous ces trumeaux qu'elle a fait disposer
Près d'un sopha qui donne la migraine ?
Je te promets qu'elle eût pu s'en passer.
Est-ce , dis-moi , redoutant le murmure
Et l'œil perçant de la malignité ,
Pour rétablir l'ordre de sa parure ?
De quoi s'occupe , hélas ! sa majesté ?
Je sais prévoir cette triste aventure ;
Presque jamais son rouge n'est ôté.

Rappelle-toi , ma Glycère , cette onde
Où , réparant les larcins du plaisir ,
Tu rattachois ta tresse vagabonde
Que détachoit aussitôt le desir.
Te souvient-il de ce jour , ma Glycère ?
Ce jour étoit la fête de l'Amour.
Pour la fêter , abandonnant la cour,
Nous fûmes seuls vers ce bois solitaire

Que tu sais bien qu'à la cour il préfère.
Ah, le beau jour ! comme j'étois heureux !
Tout me sembloit d'un fortuné présage.
Si je levois mes regards vers les cieux,
Je découvrois un azur sans nuage ;
Dans les forêts les oiseaux chantoient mieux ;
Bien plus matin, la complaisante aurore
Me paroissoit, en faveur des amours,
Verser ses pleurs sur les parfums de Flore,
Et pour nous deux avoir changé son cours.
Du frais zéphir l'haleine étoit plus pure ;
Un air plus doux rajeunissoit les champs.
Tout renaissoit : l'aspect de deux amans
Avoit sans doute embelli la nature.
Ivre d'amour, le desir dans les yeux,
J'entre avec toi dans cette grotte sombre,
Que vingt palmiers défendent par leur ombre
Des feux du jour comme des envieux ;
Dans tous les tems, un lit de fleurs nouvelles
Y tend un piège à la foible beauté ;
L'amour jura que jamais de cruelles,
Aucun mari, pas une majesté,
Ces froids tyrans des plaisirs et des belles,
N'habiteroient ce séjour enchanté.
C'est-là, Glycère, ô ma belle maîtresse !
Qu'enfin j'obtins cet amoureux baiser,
Qu'apparemment pour doubler mon ivresse,
Pendant deux jours tu sus me refuser.
Connois-tu bien la grande différence

Qu'entre Glycère et nos femmes de cour,
Pour décider toujours la préférence,
En ta faveur, a su mettre l'Amour ?
Tiens, la voici : toujours vive et coquette,
Tu vas donnant des baisers, des faveurs ;
Nous t'adorons, nous nous croyons vainqueurs :
Mais un caprice, et soudain la retraite
Est notre lot, tu te ris de nos pleurs,
Un doux regard précède tes rigueurs ;
Et leurs rigueurs annoncent leur défaite.
Mais le caprice, en te parlant pour moi,
Fit mon bonheur ; (puis-je dire le nôtre ?)
Tu me savois plus scélérat qu'un autre.
Ce titre est bien quelque chose pour toi.
Je suis heureux, j'étois digne de l'être ;
Je t'adorois, je t'aimois, je brûlois :
Sur ton beau sein je mourois pour renaître,
Et pour mourir toujours je renaissois :
Bien différente en ceci d'une reine,
Qui veut toujours qu'on fasse tous les frais,
Pour le plaisir tu partageois la peine,
Et par la peine au plaisir tu gagnois.
Dieux, quels momens ! je vois ta belle bouche,
Belle toujours, sur-tout quand on y touche.
Je vois tes yeux embellis par ces fleurs,
Que le plaisir, tu le sais, fait répandre ;
Nuages doux, amoureuses vapeurs,
Dans tes beaux yeux, mêlés d'un feu si tendre.
J'entends encor ces soupirs enchanteurs,

Et

Et ces baisers que mes lèvres errantes
Venoient chercher sur tes lèvres brûlantes,
Où le plaisir confondoit nos deux cœurs.
Ces demi-mots du desir qui s'éveille,
Ces sons touchans soudain interrompus,
Plus éloquens, pour être suspendus,
Viennent toujours caresser mon oreille.
Je viens de rire, et je vais m'ennuyer.
Ah! c'en est fait, la force m'abandonne;
J'entends déjà le maudit écuyer.
Adieu, Glycère, adieu : je vais bâiller
Bien tendrement sur les degrés du trône.
Vole par jour vingt mille libertés;
Fais-moi par jour vingt infidélités,
Cent, si tu peux, va, je te le pardonne.
Dupe les vieux, et ruine les sots.
Conserve bien ta friponne de mine.
Garde-toi bien de perdre tes défauts :
Sois toujours belle, et sur-tout bien coquine.

ÉPITRE A UNE COQUETTE.

C'EST assez me croire ta dupe :
En dépit de ta vanité
Et du manège qui t'occupe,
D'honneur, je ne l'ai pas été.
Sauve qui peut !.... Jeune et charmante,
Tes traits sur moi n'ont point porté.

Sans doute l'insulte est criante;
C'est manquer à la probité.
A tes ruses les plus secrettes,
Qui ... môi, j'ai le front d'échapper!
Tout amant qu'on ne peut tromper,
Est un monstre aux yeux des coquettes.
Je l'avouerai, quand je te vis
Fraîche, comme on l'est au bel âge,
T'avancer au milieu des ris,
Et fixer la foule volage
De tous nos jeunes étourdis,
T'offrant des cœurs à ton passage;
Lorsque je vis tes beaux cheveux
Tomber, à boucles ondoyantes,
Sur tes épaules éclatantes,
Dont l'albâtre en ressortoit mieux;
Lorsque je vis sur tes grands yeux
Tes longues paupières baissées,
Et ton regard ingénieux,
Où l'on croit lire tes pensées,
Cette taille qui tour à tour
Est légère et voluptueuse,
Et sait être majestueuse,
Sans trop effaroucher l'amour:
Embrâsé d'une ardeur nouvelle,
Quand je vis tout cela, Zulmé,
Je m'écriai: comme elle est belle!
Qu'il seroit doux d'en être aimé!
Mais après la première ivresse,

Quand, laissant tomber le bandeau,
Je vis tes projets, ton adresse,
Et tout le revers du tableau,
Ta beauté, toujours sous les armes,
Pour insulter à ses martyrs,
L'artifice de tes soupirs
Et le mensonge de tes larmes ;
Quand je te vis à tes amans
Jeter une amorce perfide,
Pour t'assurer de leurs tourmens ;
Quand je surpris une ame aride,
Sous le masque des sentimens ;
Lorsque, pour suivre une conquête,
Je te vis avec tant de feu,
Mettre cent passions en jeu,
Avec l'amour-propre à leur tête :
Prompt alors à me dégager,
Et plein d'un sang-froid qui m'étonne,
Je m'écriai : qu'elle est friponne !
Et quel plaisir de s'en venger !
Bref, la guerre entre nous commence :
J'abjurai vîte mon amour,
Et n'en gardai que l'apparence ;
Tu m'enhardis le premier jour ;
Le second, je ris quand j'y pense,
Tu fis un effort de décence.
Les dédains même eurent leur tour :
Je me tins prêt à la défense.
A cet acte d'hostilité,

J'oppose une autre batterie :
J'encourage ta perfidie
Par un désespoir imité.
Bientôt mon air d'indifférence
Arme l'orgueil de tes appas.
Nouvelle attaque, autres combats :
Nous déployons notre science ;
C'est à qui sera le plus faux.
De l'art épuisant les chefs-d'œuvres,
Je déconcerte tes manœuvres
Et contre-mine tes travaux.
Ta prudence envain se ménage
Des chemins couverts et mêlés ;
Dans tes plus sombres défilés,
Je suis toujours sur ton passage.

Te souvient-il de ce moment,
Où, balloté par ton caprice,
Je soupirois si tendrement
En accusant ton injustice ?
J'appuyois ces soupirs trop vains
Par un beau déluge de larmes.
Tes yeux alors sembloient sereins,
Tu jouissois de mes alarmes.
Eh bien ! ces pleurs, ils étoient feints ;
J'en suis désolé pour tes charmes.

Te souvient-il encor d'un soir
Où, sur un sopha renversée,
Et par cent zéphirs caressée,

Dans le plus magique boudoir,
Trois fois tu m'étois retracée
Par le jeu d'un triple miroir ?
Tes frais vêtemens laissoient voir
Une jambe au hasard jetée,
Attitude exprès méditée,
Pour me rembarquer dans l'espoir ?
La lumière demi-voilée
Coloroit ton sein presque nû,
Allant, sans être contenu,
Comme une fleur sort effeuillée
Du calice qu'elle a rompu ;
J'ordonnai : mes yeux s'allumèrent ;
Doux avant-coureurs des plaisirs,
Les gestes, les regards parlèrent,
Et tu les pris pour les desirs.
Tu t'abusois. Ciel, quel outrage !
En vain expiroit ta fierté ;
Eu vain l'amour livroit passage
A l'heureuse témérité :
Tu sais trop combien je fus sage,
Et cependant des feux de l'âge
J'ai toute la vivacité.
Je riois de ta dignité
Qui contrastoit avec l'injure
Du desordre de ta parure,
De ton maintien déconcerté ;
Et tu vis dans cette aventure,
Que la jeunesse et la beauté

N'ont qu'un pouvoir bien limité,
Sans le charme de la nature.
Combien te surpasse à mes yeux
La bergère douce et sensible,
Qui, par un attrait invincible,
Naïvement fait un heureux !
Ses baisers peignent son ivresse ;
Sans ôter rien à sa candeur.
Succombe-t-elle ? sa foiblesse
La pare aux yeux de son vainqueur.
Sans la moindre supercherie,
Elle s'embellit en aimant,
Et la seule coquetterie
Est l'art de plaire à son amant.
Mais quels tableaux vais-je te faire ?
Je choisis là de vieux crayons,
Et ressuscite la chimère
Des Hylas et des Corydons,
Mourant d'amour sur la fougère,
Et bien plus sots que leurs moutons.
Va, Zulmé, fournis ta carrière.
Il est tant de mortels blasés,
Tant de petits seigneurs usés,
Qui réclament ton savoir faire !
Exerce tes jolis talens
Sur quelques fous mélancoliques.
Attaque des tempéramens
Russes, anglais ou germaniques :
Voilà, crois-moi, voilà tes gens.

Pour moi, je hais trop l'artifice,
Et je tiens trop aux sentimens.
Sais-je évaluer un caprice ?
Sais-je priser de faux sermens ?
Trompe, désespère, tourmente
Les oisifs qui sont tes amans :
Poursuis. Coquette de vingt ans,
Ta couronne est encore brillante ;
Mais c'est à trente où je t'attends.

LA JOUISSANCE.

AMOUR ! qu'injustement j'ai blâmé ton empire !
Des maux que j'ai soufferts ai-je dû m'offenser,
Quand tu viens de récompenser,
D'un moment de plaisir un siecle de martyre ?
J'ai fléchi mon Iris après de longs soupirs ;
Ce cher objet de mes desirs,
Cette insensible Iris, cette Iris si farouche,
Dans mille ardens baisers vient de plonger mes feux ;
Mon ame toute entière a volé sur ma bouche,
J'ai savouré la fraîcheur
De ses lèvres demi-closes.
Sa bouche avoit la couleur,
Son haleine avoit l'odeur,
Et le doux parfum des roses.

Je ressentis alors une douce langueur,
S'emparer de mes sens et couler dans mon cœur.
D'amour et de plaisir nos yeux étincelèrent;
Mon cœur en tressaillit, nos esprits s'allumèrent;
Et livrés l'un et l'autre à nos emportemens,
Nous cherchâmes le sort des plus heureux amans.
Sans voix, sans mouvement, mon Iris éperdue,
Laissoit mille beautés en proie à mon ardeur.
Comme elle oublioit sa rigueur,
J'oubliois lors ma retenue;
Et je me souviens seulement
Que dans ce bienheureux moment,
Par un excès d'ardeur nos forces suspendues,
Nos corps entrelacés, nos ames confondues,
Nous ont laissés livrés aux plaisirs les plus doux,
Inconnus aux mortels moins amoureux que nous.

JUPITER ET JUNON.

Jupiter s'ennuyoit aux cieux;
Il n'y voyoit que des déesses :
O princes, qui n'aimez qu'en dieux!
Vous bâillez près de vos princesses.
En vain il passoit tous les ans
Des plus belles aux plus gentilles;
Malgré leurs charmes séduisans,
C'étoit pour lui pâtés d'anguilles.

Toujours la reine du printems !
Toujours Vènus ! toujours l'aurore !
Hébé, vous étiez jeune encore,
Mais c'étoit depuis si long-tems !

Ah ! dans la céleste demeure
Il faut jouer la dignité ;
Ce ton lasse au premier quart-d'heure :
Jugez durant l'éternité.

Il quitta les sempiternelles,
Et j'en aurois bien fait autant ;
Il vint dans les bras de nos belles,
Et l'on n'est dieu qu'en l'imitant.

Junon dans sa jalouse flamme,
Fit grand bruit de ses trahisons.
Elle avoit tort par cent raisons ;
D'abord c'est qu'elle étoit sa femme ;
Puis elle avoit de trop grands yeux ;
Je l'ai cent fois lu dans Homère.
Je crois, comme il étoit pieux,
Que du reste il s'est voulu taire.

D'ailleurs, pourquoi tant quereller,
Quand le remède est si facile ?
En hommes, pour la consoler,
La terre étoit assez fertile.

Par gloire ou curiosité,
Qui n'eût pris part à sa tristesse ?
Le cœur s'enfle de vanité
Entre les bras d'une déesse.

Ma foi, pour cet honneur divin,
J'aurois passé sur l'agréable :
Changer Jupiter en Vulcain
Est un exploit très-mémorable.

Je sais que cet époux coquet
N'étoit pas un époux commode ;
Le ton de Paris lui manquoit :
Nous l'aurions mis à notre mode.

Contre Ixion son fier courroux
Dégrade sa gloire immortelle :
Ah ! le bonheur d'être infidelle
Ote le droit d'être jaloux.

CHLOÉ ET LE PAPILLON.

SOUS un ciel serein et tranquille,
Au sein d'un champêtre sejour,
Loin des vains plaisirs de la ville,
Et loin des pièges de l'Amour,
Chloé naïve, jeune et belle,
Voyoit couler ses jours heureux,
Aussi beaux, aussi simples qu'elle.
Là, dérobée à tous les yeux,
Par les soins d'une tendre mère,
Chloé, sans desirs, sans regrets,
Respiroit un air salutaire
A ses mœurs comme à ses attraits.

Le vif éclat qui la colore
N'est que le teint de la pudeur ;
Son oreille n'a point encore
Goûté le poison enchanteur
Des soupirs, des tendres alarmes ;
Elle ignore qu'elle ait un cœur,
Et soupçonne à peine ses charmes.

Seule dans le fond d'un bosquet,
Près du crystal d'une onde pure,
Elle assortissoit un bouquet,
Pour en composer sa parure ;
La belle d'un air enfantin,
Comparoît avec avantage
Le lys et la rose à son teint,
Et sourioit à son image.

Un papillon, au même instant,
Déployoit ses aîles légères,
Et de ses ardeurs passagères
Promenoit l'hommage inconstant ;
Tout l'attire et rien ne l'arrête ;
Il parcourt d'un air de conquête
Tous les appâts de chaque fleur.
Ici son audace indiscrète
De la timide violette
Caresse la vive fraîcheur ;
Là, du sein de la tubéreuse,
Sa témérité plus heureuse,
Presse l'orgueilleuse blancheur.

Aussitôt d'une aîle infidelle
Il court à la rose nouvelle ;
Il baise son bouton naissant.
Et toujours brillant et frivole ,
Il paroît, jouit et s'envole.

Chloé voit l'insecte éclatant;
Et sa parure étincelante
D'azur, de pourpre et de rubis ,
Enchante ses yeux éblouis.
Sa petite ame impatiente
Brûle aussitôt de s'en saisir.
Dans le vif transport qui l'agite,
De son jeune sein qui palpite
S'échappe son premier soupir.

Aussi légère que les Grâces ,
Du rival errant du zéphir
Elle poursuit long-tems les traces :
Souvent dans son vol incertain
Il s'arrête : la nymphe agile
Accourt , le guette , étend la main;
Mais le superbe volatile
Dans les airs s'élance soudain.
Tour-à-tour flattée et trompée,
Elle suit sa proie échappée ;
L'infidelle se fixe enfin
Sur la belle et pâle jonquille.
On diroit que la tendre fleur
Ranime, au gré de son vainqueur ,

Le

Le foible éclat dont elle brille.
Du triomphe elle goûte le prix ;
Chloé vole, approche, il est pris.

S'agitant, dêbattant de l'aîle,
Pour briser sa captivité :
Rendez-moi, dit-il à la belle,
Ah! rendez-moi la liberté.
Rougissez de votre victoire.
Qu'attendez-vous de mes liens ?
Mes aîles font toute ma gloire,
Quelqu'éclat, voilà tous mes biens.
Eblouir, est ma destinée.
Je vis sans projet, sans amour,
Et mon existence bornée
N'est que l'amusement d'un jour.

A ces mots, la nymphe ingénue
S'attendrit pour son beau captif.
Le trouble de son ame émue
Favorise le fugitif.
Il s'échappe, Chloé soupire.
Sur les boucles de ses cheveux
Balançant son vol amoureux,
Voici ce qu'il ose lui dire :

« Seule en ces lieux vous respirez,
Chloé, la paix et l'innocence :
Bientôt, loin des jeux de l'enfance,
Dans le monde vous brillerez ;
C'est-là que vous rencontrerez

Un être frivole, infidelle,
Et paré de mille couleurs.
Il voltige de belle en belle,
Ainsi que moi de fleur en fleur,
Et je suis en tout son modèle.
Ah! si vous laissant éblouir,
Vous brûlez un jour de jouir
De cette nouvelle victoire,
D'une si folle ambition,
Chloé, quelle sera la gloire?
Vous aurez pris un papillon ».

LE JUBILÉ.

Au jubilé, comme sage,
Je voulois, selon l'usage,
Faire mes dévotions.
Suivant l'ordre du Saint-Père,
Je me dépêchois de faire
Trois ou quatre stations;
J'allois d'église en église,
Quand d'un air tout de franchise
Une gueuse m'aborda:
A cette attaque imprévue,
D'abord je baissai la vue,
Mais le diable me tenta.
Elle me conduit chez elle,
Et je fus, de la donzelle

Passablement régalé ;
Si bien qu'en cet exercice
Je perdis le jubilé,
Et gagnai la chaude-pisse.

LE FLORENTIN.

AVEC sa chèvre un Florentin
Fut surpris dans un cas vilain.
D'abord on saisit le coupable
Avec sa chèvre misérable,
Brûlez sur l'heure !.. Ah, messeigneurs !
Crioit notre homme tout en pleurs,
Daignez m'écouter, je vous prie ;
Je ne l'ai pas fait méchamment,
Je voulois faire seulement
Un monstre pour gagner ma vie.

LE CONFESSEUR JUDICIEUX.

CERTAIN François, habitant de Florence,
Se confessoit du péché de la chair
A père Isaac, qui lui dit : parlez clair,
Le cas est-il de Toscane ou de France ?
Expliquez-vous ; ce point est important.
Peu m'en souvient, dit l'autre en hésitant ;

Le tout se fit à l'aventure.
Le confesseur trouvant la chose obscure,
Cela, dit-il, faisoit-il *ric* ou *rac*?
Ric, répondit le pénitent sincère.
Parbleu le cas, reprit le père Isaac,
Est du Toscan, n'en doutez pas, compère.

LES CANTHARIDES.

COMME souvent tout s'enfile ici bas!
Des Bernardins pâturoient en lieu gras;
Près de leur clos vivoient des Bernardines.
Peignez-vous bien chaque chose de son rang;
Un bel étang nourrissoit les béguines;
Certaine haie entouroit cet étang.
Sur cette haie étoient des cantharides;
Un vent survint qui les jeta dans l'eau.
Dans l'eau nageoient des grenouilles avides,
Par qui l'essaim fut croqué bien et beau;
Grenouille après servie au réfectoire,
De sa substance enflamma la nonain;
D'où s'ensuivit l'esclandre qu'on peut croire.
Un feu subtil et rien moins que divin,
Grand carillon, si qu'au bruit du tocsin,
Vinrent, non pas les pompes de la ville,
Mais celles-là du Benoît Bernardin.
Comme souvent ici bas tout s'enfile!

EPIGRAMME.

AUX pieds d'un vieil hermite, un jeune adolescent,
Le carême dernier, dit en se confessant,
Que par un accident sinistre,
Dont il avoit bien du regret,
Il avoit trois fois en secret
F.... la femme d'un ministre.
Alors le bon hermite, homme plein de savoir,
Lui dit, f..... une femme est un crime bien noir,
Quand c'est celle d'un catholique;
Lorsqu'on s'en dit coupable, à l'instant je frémis;
Mais pour celle d'un hérétique,
B..... c'est autant de pris sur l'ennemi.

LE PIEUX SOUHAIT.

LAMARTINIER, aux pieds d'un capucin,
Se confessoit qu'une jeune nonain
L'avoit prié de l'amoureuse affaire.
Le fîtes-vous? Nenni, de par Saint-Pierre,
Onc ne me suis souillé de tels forfaits.
Dieu d'Israël! dit le révérend père,
Conduis ce gibier dans mes rets,
Puis tu verras si je n'ose le faire.

COMPLIES.

UN cordelier faisoit l'œuvre de chair,
Et s'ébattoit en fêtoyant sa mie.
Son compagnon lui dit : Frère très-cher,
Il faut pourtant aller chanter complies.
Lors le frater dit : parbleu je m'oublie,
Sus, haut le cul, dépêchons-nous, Gogo,
Je reviendrai, si dieu me prête vie,
Dès que j'aurai chanté *Tantum ergo*.

ÉPIGRAMME.

CERTAIN abbé se manuélisoit
Tous les matins, pensant à sa voisine.
Son confesseur l'interrogeant, disoit :
Vertu de froc ! c'est donc beauté divine ?
Ah ! dit l'abbé, plus gente chérubine
Ne se vit onc, c'est miracle d'amour ;
Tettons ; dieu sait ! et croupe de chanoine,
Toujours j'y pense, et même encore ici
Je fais le cas. Pardieu, lui dit le moine,
Je le crois bien, car je le fais aussi.

L'EXPÉRIENCE FAIT LA SCIENCE.

Le jour que Jean se maria,
Et qu'il eut dans la nuit fait rage,
Sa femme le matin me pria
Du reste de son pucelage.
Je la f..tis de grand courage,
Trois fois, savourant ses beaux yeux;
Ami, ce que je viens de faire,
N'est que pour savoir quel vaut mieux,
Le mariage ou l'adultère.

LA VEUVE INCONSOLABLE.

Un carme étoit chez une veuve en pleurs,
Et de son mieux sermonoit la matrone.
La rhétorique ayant semé ses fleurs,
Le tout sans fruit, mon ribaud vous la prône
A la façon du soldat de Pétrone,
Une, deux, trois, quatre, cinq et six fois;
Rien n'opéra : donc le moine aux abois
Sort en donnant cette pleureuse au diable;
Chacun s'enquiert. Eh bien, père Courtois,
Cette femme est, dit-il, inconsolable.

LA MAITRESSE DE PLAIN-CHANT.

Une abbesse instruisoit une jeune novice
Dans le chant propre à la communauté,
Sur certain mot latin dans un pseaume usité,
Qu'elle chantoit mal par malice.
Ce mot, à ce qu'un auteur dit,
Est celui-ci : *Conculcavit.*
Entonnez-bien, lui disoit-elle,
Tenez-moi bien ferme ce *con* ;
Haussez le *cul* : fort bien, la belle,
Un peu plus haut encore ; là, c'est bon.
Pour le *vit* faites-le bien long.
De cette syllabe alongée,
Je connois la mesure à fond ;
Père Blaise, après le sermon,
Me l'a plus d'une fois montrée.

LE JÉSUITE ET LE TABLEAU.

Un jésuite attentivement
Considéroit une femme en peinture ;
Peinte elle étoit divinement,
Mais immodeste en étoit la posture :
Elle étoit nue, et du bout de son doigt,
Grattoit ce que tout bon jésuite

Ne peut voir sans horreur, quand il a le cœur droit.
A cet aspect le bon père s'irrite,
Maudit le peintre et le pinceau
Qui fit un si vilain tableau :
Il est vrai, dit un janséniste,
Qui se trouva là par hasard,
Ce tableau, pieux moliniste,
Mérite pour le moins la hart.
Mais si cette Vénus, mon très-révérend père,
Tournoit un peu plus le derrière,
Et cachoit son jansénius,
Blâmeriez-vous alors le peintre et la Vénus ?

LE DÉBAUCHÉ CONVERTI.

PUISSANT médiateur entre l'homme et la femme,
Qui du plaisir secret nous ourdissez la trame,
Des feux de Promethée ardent dispensateur,
Et de la gent humaine éternel créateur,
Portassiez-vous encore un plus superbe titre,
Du bonheur de mes jours vous n'êtes plus l'arbitre.
Ce plaisir violent, dont je fus enchanté,
D'un tourment de sfx mois est trop cher acheté.
Qu'un autre que moi coure après ce vain fantôme,
J'en connois le néant, grâce à M. St Côme,

Et ses sacrés réchauds sont l'utile creuset,
Où l'or faux du plaisir m'a paru tel qu'il est.
J'ai ruminé ces maux que sur son lit endure
Un pauvre putassier tout frotté de mercure;
Des conduits salivains quand les pores ouverts
Du virus repoussé filtrant les globes verts;
Quand sa langue nageant dans des flots de salive,
Semble un canal impur qui coule une lessive:
Ah! que sur son grabat se voyant enchaîné,
Un ribaud voudroit bien n'avoir pas dégaîné!
Qu'il déteste l'instant où sa pompe aspirante
Tira le suc mortel de sa cruelle amante!
L'œil cave, le front ceint du fatal chapelet,
Le teint pâle et plombé, le visage défait,
Les membres décharnés, une joue allongée,
Sa planète atteignant son plus bas périgée;
Alors avec David il prononce ces mots:
La vérole, mon dieu, m'a criblé jusqu'aux os.
Car, par *malum*, David entend l'humeur impure
Qu'il prit d'Abigaïl, comme je conjecture,
D'autant que cette femme, épouse de Nabal,
De son mari pouvoit avoir gagné ce mal.
Ce Nabal, en effet, est peint au saint volume,
Tel qu'un compagnon propre au poil comme à
la plume,
Et qui, quand il trouvoit fille de bonne humeur,
De ses bubons enflés méprisant la tumeur,
Lui faisoit sur le dos faire la caracole,
Eût-il été certain de gagner la vérole.

Aussi je suis surpris que David, ce grand clerc,
Au fait d'Abigaïl ait pu voir si peu clair :
Certes besoin n'étoit d'être si grand prophète,
Ni d'avoir sur son nez la divine lunette,
Pour voir que Nabal de tout le sang corrompu
Ayant poivré le flanc qui s'en étoit repu,
C'étoit nécessité que son hardi priape
Eût la dent agacée en mordant à la grappe;
Mais, quoi, vit-on jamais raisonner un paillard ?
Il prit les yeux fermés, ce petit mal gaillard,
Dont quelque tems après sa flamberge en furie,
Enticha le vagin de la femme d'Urie.
De mes ébats aussi j'ai tiré l'usufruit :
Mais grâce au vif argent, mon virus est détruit :
Mon sang purifié coule libre en mes veines,
Et deux globes malins ne gonflent plus mes aînes;
Du trône du plaisir les parois resserrés,
Ne laissent plus couler mille sucs égarés ;
Et ce moine velu, que le prépuce enfroque,
De trois rubis rongeurs voit dérougir sa toque.
Triste et funeste coup ! pouvois-je le prévoir,
Qu'une fille si jeune eût pu me décevoir ?
Deux lustres et demi, qu'un an à peine augmente,
Voyoient bondir les monts de sa gorge naissante;
Un cuir blanc et poli, mais élastique et dur,
Tapissoit le contour de son jeune fémur ;
A peine un noir duvet de sa mousse légère,
Couvroit l'antre sacré que tout mortel révère ;
Les couleurs de l'aurore éclatoient sur son teint,

Elle auroit fait hennir le vieux Moufti Latin ;
Un front, dont la douceur à la fierté s'allie,
La firent à mes yeux plus vierge qu'Eulalie :
Aussi combien d'assauts fallut-il soutenir,
Avant que d'en pouvoir à mon honneur venir ?
A mon honneur ! je faux, disons-mieux, à ma
honte :
Après deux mois d'égards, de soupirs, je la monte.
Dieux ? quelle volupté, quand sur elle étendu
Je pressurois le jus de ce fruit défendu !
Sa gaîne assez profonde, en revanche peu large,
Entre-elle et mon acier ne laissoit point de marge;
Le piston à la main, trois fois mon Jean Chouard
Dans ses canaux ouverts seringua son nectar,
Et trois fois la pucelle avec reconnoissance
Voitura dans mon sang sa vérolique essence.
Mais, quoi ! ma passion s'enflamme à ce récit ;
De mes tendons moteurs le tissu s'étrécit,
Mes esprits dans mes nerfs précipitent leur
course,
Er de la volupté courent ouvrir la source.
Quoi donc ! irois-je en proie à de vils intestins,
De mes os ébranlés empirer les destins !
Irois-je sur ces mers fameuses en naufrages,
Nautonnier imprudent, affronter les orages,
Moi qui, comme Jonas, qu'un serpent engloutit,
Ai servi de pâture à l'avide Petit !
Non, de la chasteté j'atteins enfin la cime ;
Là je rirai de voir cette pâle victime

Que

Que la fourbe Vénus place sur ses autels,
Traîner les os rongés de ses poisons mortels.
Que le ciel, si jamais je vogue sur ce gouffre,
Fasse pleuvoir sur moi le bitume et le soufre:
Que l'infamant rasoir qui tondit Abailard,
Me fasse de l'eunuque arborer l'étendard,
Si jamais enivré, fût-ce d'une pucelle,
Mon frocard étourdi saute dans sa nacelle!
Tout visage de femme à bon droit m'est suspect:
Quiconque a salivé doit fuir à son aspect.
Oui, m'offrît-on le choix de onze mille Vierges;
Jamais leurs feux sacrés n'allumeroient mes cierges.
Le jaloux Ottoman m'ouvrît-il son sérail,
Quand j'y verrois à nud l'albâtre et le corail
Briller sur ces beaux corps qu'embellit la nature,
Mon priape seroit un priape en peinture.
Je dis plus: quand le ciel, exprès de mon côté
Tirerait la plus rare et plus saine beauté,
Dieu sait si la chaleur de cette nouvelle Eve,
De mon muscle allongé ferait monter la sève;
Beau sexe, c'en est fait, vos ébats séducteurs
Ne me porteront plus vos esprits destructeurs;
Je fuirai désormais votre espèce gentille,
Ainsi qu'au bord du Nil on fuit le crocodile.
Il est tems de penser à faire mon salut;
L'ame se porte mal quand le corps est en rut.
Lorsque l'affreuse mort, au sec et froid squelette,
M'aura devant le juge assis sur la sellette,

Cent mille coups de cul ne me sauveront pas
Du foudroyant arrêt de l'éternel trépas.
C'est vous qui le premier avez fait tomber
l'homme
Par l'attrait séducteur de la fatale pomme;
Mais vos culs dans l'abîme en ont plus descendus
Que ne feroient jamais tous les fruits défendus.
C'est avec vos filets que Satan nous attrape,
C'est vous qui nous poussez sur l'infernale trape.
Vous séduiriez, morbleu, je crois tous les Elus.
Adieu, beau sexe, adieu, vous ne me tentez plus.

LE CHAPITRE GÉNÉRAL DES CORDELIERS.

DÉJA la renommée avoit passé les mers
Pour aller annoncer à cent peuples divers
Que l'invincible chef de la gent cordelière
Venoit de terminer son illustre carrière.
Déjà, pour faire choix d'un digne successeur,
De chaque monastère on assemble la fleur,
Et Tolède est choisi pour tenir l'assemblée,
Où doit se réunir l'élite députée.
Le chapitre commence, il se tient à huis clos,
Un moine, beau parleur, l'ouvre par ce propos:
O vous! dignes soutiens de toute gueuserie,
Vous qui faites valoir la sainte momerie,
Qui n'avez pour tout bien et pour tout revenu

Que le droit casuel et du c . . et du cul ;
Vous qui de toutes parts venez ici vous rendre,
Au sainr généralat vous qui voulez prétendre ;
Vous vous flattez en vain que la brigue en ces lieux
Favorise jamais des vœux ambitieux.
Quiconque ose aspirer à cette grande place,
Ne doit sur ses talens attendre aucune grâce.
Plus humble, plus savans fussiez-vous mille fois,
Plus ardent à gueuser que le grand Saint François,
Si vous n'avez des v... d'une énorme mesure,
Vous devez de ce rang vous-même vous exclure:
Le mieux muni de nous doit être général ;
C'est-là pour notre choix le point fondamental.
A notre ordre aujourd'hui donnons un nouveau lustre,
Choisissons parmi nous le v.. le plus illustre.
Pères, préparez-vous, voici l'instant fatal
Qu'il faut mettre au grand jour le sceptre monacal ;
De vos roides engins montrez la révérence,
Et voyons qui de nous aura la préférence.
Alors montrant le sien : voici, dit-il, mes droits,
Et le signe assuré de mes fameux exploits ;
Quoiqu'on en ait tranché, par un malheur funeste,
Pour être génèral, voyez ce qui me reste :
Révérends, c'est, je pense, un assez bel hochet.
A son aspect, on croit voir un v.. de mulet.
Saisi d'un saint transport, un vieillard en lunette

S'approche, pour le voir, fait une humble courbette.
De près il l'examine, et dit : par Saint François,
Voilà, je crois, de l'ordre un des plus beaux anchois.
Mais d'un air dédaigneux saisissant la parole,
Père tapeux soutient que c'est une hyperbole,
Prétendant qu'il n'a pas suffisante grosseur,
Défie, à son égard, le plus rude censeur;
Et levant d'une main sa longue robe brune,
De l'autre il sort un vit propre à faire fortune.
A peine le peut-on empoigner d'une main,
Long à proportion, carré, sec et mutin.
Voilà, dit-il, un v.. rougissant de colère,
Et non pas ce que vient de nous montrer le père.
Avec cet outil-là, je peux, sans me gêner,
Fournir mes douze coups, dont six sans déc..ner.
Le chapitre sourit, et prend cette bravade
Pour un discours en l'air, pour une gasconade:
Mais le moine, piqué de cet affront nouveau,
Frappe de son gros v.. vingt fois sur le bureau;
Cet effort vigoureux fait trembler le chapitre.
L'on admire, l'on rend justice à votre titre,
Vous méritez beaucoup, lui dit le président,
Père tapeux, calmez ce noble emportement:
C'est assez, Révérend, contenez ce tonnerre,
Vous avez effrayé tout notre monastère;
Votre engin à son tour doit être mesuré,
Et s'il est le plus long, il sera préféré.

Père examinateur, commencez votre ronde;
Que chacun fasse voir sur quel titre il se fonde;
Qu'on enregistre tout, la taille et la grosseur,
Qu'on fasse mention exacte de longueur,
Et du tour du bréteur; sur-tout qu'on examine
Les c...lles et les v... jusques à leur racine;
Enfin ce que chacun montrera de vigueur,
Soit dans votre examen produit en sa faveur.
Et père brise-motte et père l'enfonceur
Ont leurs engins égaux en longueur, en grosseur,
Egalement bandant, ils ont des reins de diable,
Les c....lons sont égaux, enfin tout est semblable;
Mais comment faire un choix, où tout paroît égal?
Il faut pourtant que l'un des deux soit général;
Pour nous tirer, dit l'un, de cette incertitude,
Mettons-les tous les deux à quelqu'épreuve rude;
Pour choisir sans scrupule et sans prévention,
Faisons venir ici jeune fille et garçon;
Sur l'un et l'autre sexe exerçons leur courage,
Nous verrons qui des deux prend mieux un pucelage,
Lequel en f....rie est le meilleur ouvrier;
En un mot, qui des deux est meilleur cordelier.
Bientôt après ces mots on présente à la salle
Un jeune Ganymède, une jeune Vestale
Environ de quinze ans, belle comme le jour,
Teint de rose et de lys, ouvrage de l'amour.

Chaque père, en voyant cette jeune fillette,
Sent son bidet tout prêt à rompre sa gourmette.
Le président fait signe au père l'enfonceur,
De commencer l'épreuve et grimper sur la
sœur.
Sitôt dit, sitôt fait, dessus une couchette
Mise en ces lieux exprès mon frocard vous la
jette,
Il la trousse, et se met en devoir d'obtenir
Des plaisirs que l'amour ne sauroit définir.
Le père avec transport achève sa victoire,
En retirant du c.. son v.. couvert de gloire;
Sitôt il le renfonce, et pour dignes exploits,
De l'aveu du Tendron il déchargea six fois,
Six fois sans dé...ner; et puis levant sa cotte,
Il fit voir au grand jour la plus charmante motte,
La cuisse la plus blanche et le plus beau conain
Qui se trouvât jamais sous jupe de Nonnain.
Le v.. du moine alors montrant sa rouge tête,
S'échappe furieux de la sainte brayette,
Écumant de luxure, il remonte à l'instant;
Jean-chouard cette fois entre plus aisément.
Ce jeune petit c.. quoique c.. de poupée,
Au moine vigoureux laisse une libre entrée;
Dans ce second assaut, sans plainte et sans
douleur,
De l'enfroqué Jean-f..... elle remplit l'ardeur,
Tant et si bien, qu'enfin ne pouvant passer
outre,

Il lui laisse le c.. tout barbouillé de f..tre.
Le père l'enfonceur, illustre candidat,
Ainsi fut éprouvé pour le généralat.
Le père brise-motte à son tour sur la scène
Entre, et dit qu'il f..tra dix coups tout d'une haleine.
Il essuye le c.. de cette jeune sœur,
Et dans trois coups de cul lui cause une douleur
Qui fait jeter des pleurs à la jeune innocente.
Le moine sans pitié dans son ardeur brûlante,
La serre entre ses bras, saisi d'un doux transport,
Sentant son v.. pressé comme par un ressort,
Change en tendres soupirs les pleurs de sa conquête,
Et régale ce c... d'une si belle fête,
Que le cul de la Nonne en sauta de fureur.
Le paillard darde au fond la bénigne liqueur,
Et suivant sans repos l'amoureux exercice,
Douze coups, tous portans ; son v.. lui fut propice.
La douzaine finie, on crut qu'à cette fois
Le moine borneroit le cours de ses exploits :
On alloit opiner, quand ce nouvel Hercule
Retournant le Tendron, du premier coup l'enc.le,
Sodomise deux coups, et deux fois déchargeant,
Il retire du cul deux fois son v.. bandant.
Jusques-là brise-motte avoit eu l'avantage,

Et le chapitre alloit lui donner son suffrage;
Le mien n'est pas pour lui, répond Frère Frappart,
Au choix en question je prétends avoir part,
Et sur lui remporter une pleine victoire:
Mon v.. n'est pas si long, pères, je veux le croire,
Mais pour f..tre, je veux lui damer le pion,
Je vais vous le montrer sur ce jeune garçon.
Il dit, et sur-le-champ déculotant le Frère,
Aux yeux des Papelards paroît le beau derrière.
Il pousse vivement son v.. sans le mouiller,
Sans effort et sans peine enc.le l'écolier.
Chacun frappe des mains à ce charmant spectacle,
Et l'on tient que le coup approche du miracle;
Quand le b..gre, charmé de l'applaudissement,
Leur dit: sans de c....r je f..trois tout un an.
Le saint homme, en effet, de toute la journée,
Ne cessa de tenir la mazette enc.lée:
Le président se lève, et recueille les voix:
Tout est en sa faveur, le chapitre en fait choix,
Quand un moine étourdi se saisit de la porte,
Et dit qu'il ne veut pas qu'aucun cordelier sorte,
Sans avoir déclaré qu'il faut, pour être élu,
F..tre quarante coups, soit en c.. soit en cul,
Appelant de leur choix au plus prochain Concile,
Prétendant d'y montrer qu'il n'est pas moins habile,
Qu'il offre de montrer sa proposition,

Mise dans le moment en exécution.
Il sort, ferme après lui : le chapitre en murmure.
Je veux vous f..tre tous, dit-il, par la serrure ;
Pied ferme et v.. en main, il les prend au
guichet.
Les moines se voyant surpris au trébuchet,
Délibèrent enfin, et la sainte assemblée,
Qui se voit au passage à coup sûr enfilée,
Veut bien qu'à ce mutin on présente le cu.
Tout autant il en sort, tout autant de f..tu.
Pas un n'en est exempt, pas même la vieillesse :
Le b..gre enc..ne tout d'une même vîtesse.
Chaque moine convient qu'il n'a rien vu d'égal,
Et qu'on ne peut choisir un plus grand général.

L'AVE MARIA.

Dans un couvent deux nonnettes gentilles,
Mais dont l'esprit, simple, doux, innocent,
Ne connoissoit que le tour et les grilles,
Tenoient un jour propos intéressant
De confidence et d'amitié fort tendre.
Notez qu'aucun ne pouvoit les entendre ;
L'huis étoit clos. Fillettes de jaser,
De s'appeler et ma chère et ma bonne,
De se donner saintement un baiser,
D'y revenir, sans qu'aucune soupçonne
Que le malin les induit à ce jeu.

Jésus, ma sœur, dit la jeune Sophie,
Qu'on voit en vous les merveilles de Dieu!
Quelle beauté! vous êtes accomplie:
Que ce bouton de rose-là me plaît!
J'y vois la main de la Toute-Puissance.
Et vous, mon cœur, reprit la sœur Constance,
Peut-on vous voir, et ne pas l'adorer?
Tout est parfait, tout en vous m'édifie.
Lors le pieux examen sur Sophie
Va son chemin. On admire ceci,
Et puis cela; tant que par aventure
En certain lieu que la folle Nature
Fit à plaisir, l'examen vint aussi.
Pieux élans obligeamment mystiques,
Naissent alors à cet objet frappant.
Ma chère sœur, l'agréable portique!
Le beau dessein, qu'il est simple et piquant!
Chez vous, ma sœur, lui répliqua Sophie,
Mêmes appas, mon ame en est ravie;
Rien de si beau ne s'offrit à mes yeux.
Vous allez rire, il me prend une envie,
C'est de savoir un peu qui de nous deux
A plus petit ce chef-d'œuvre des cieux.
C'est vous ma sœur; non, ma sœur, je vous jure,
C'est vous, Eh bien, prenons-en la mesure,
Notre rosaire est tout propre à cela.
On y procède. Eh! bon Dieu, dit Sophie,
Qui l'auroit cru? vous l'avez, chère amie,
Plus grand que moi d'un Ave Maria.

IL FAUT TOUJOURS QUE LA FEMME COMMANDE.

Or, maintenant que le bon Dieu du jour
Des Africains va brûlant la contrée,
Qu'un cercle étroit chez nous borne son tour,
Et que l'hiver allonge la soirée,
Après souper, pour vous désennuyer,
Mes chers amis, écoutez une histoire
Touchant un pauvre et noble chevalier,
Dont l'aventure est digne de mémoire.

Son nom étoit messire Jean Robert,
Lequel vivoit sous le roi Dagobert.
Il voyagea devers Rome la Sainte,
Qui surpassoit la Rome des Césars;
Il rapportoit de son auguste enceinte,
Non des lauriers cueillis aux champs de Mars,
Mais des agnus avec des indulgences,
Et des pardons, et de belles dispenses.
Mon chevalier en étoit tout chargé,
D'argent fort peu, car dans ces tems de crise
Tout paladin fut très-mal partagé;
L'argent n'alloit qu'aux mains des gens d'église.
Sire Robert possédoit pour tout bien
Sa vieille armure, un cheval et son chien;
Mais il avoit reçu pour apanage
Les dons brillans de la fleur du belle âge;

Force d'Hercule et grâce d'Adonis,
Dons fortunés qu'on prise en tout pays.
Comme il étoit assez près de Lutèce,
Au coin d'un bois qui borde Charenton,
Il aperçut la fringante Marton,
Dont un ruban nouoit sa blonde tresse ;
Sa taille est leste, et son petit jupon
Laisse entrevoir sa jambe blanche et fine.
Robert avance, il lui trouve une mine
Qui tenteroit les saints du paradis ;
Un beau bouquet de roses et de lys
Est au milieu de deux pommes d'albâtre,
Qu'on ne voit point sans en étre idolâtre ;
Et de son teint la fleur et l'incarnat
De son bouquet auroient terni l'éclat.
Pour dire tout, cette jeune merveille
A son giron portoit une corbeille,
Et s'en alloit avec tous ses attraits
Vendre au marché du beurre et des œufs frais.
Sire Robert, ému de convoitise,
Descend d'un saut, l'accole avec franchise ;
J'ai vingt écus, dit-il, dans ma valise ;
C'est tout mon bien, prenez encor mon cœur,
Tout est à vous. C'est pour moi trop d'honneur,
Lui dit Marton. Robert presse la belle,
La fait tomber et tombe aussitôt qu'elle,
Et la renverse et casse tous ses œufs.
Comme il cassoit, son cheval ombrageux,
Epouvanté de la fière bataille,

Au

Au loin s'écarte et fuit dans la broussaille.
De Saint-Denis un moine survenant,
Monte dessus et trotte à son couvent.
Enfin Marton, rajustant sa coîffure,
Dit à Robert, où sont mes vingt écus?
Le chevalier, tout pantois et confus,
Cherchant en vain sa bourse et sa monture,
Veut s'excuser, nul excuse ne sert;
Marton ne peut digérer son injure,
Et va porter sa plainte à Dagobert.
Un chevalier, dit-elle, m'a pillée,
Et violée, et sur-tout point payée.
Le sage prince à Marton répondit:
C'est de viol que je vois qu'il s'agit:
Allez plaider devant ma femme Berthe,
En tel procès la reine est très-experte;
Bénignement elle vous recevra,
Et sans délai justice se fera.
Marton s'incline et va droit à la reine;
Berthe étoit douce, affable, accorte, humaine,
Mais elle avoit de la sévérité
Sur le grand point de la pudicité.
Elle assembla son conseil de dévotes.
Le chevalier, sans éperons, sans bottes,
La tête nue et le regard baissé,
Leur avoua ce qui s'étoit passé;
Que vers Charonne il fut tenté du diable,
Qu'il succomba, qu'il se sentoit coupable,
Qu'il en avoit un très-pieux remord:

O

Puis il reçut sa sentence de mort.
Robert étoit si beau, si plein de charmes,
Si bien tourné, si frais et si vermeil,
Qu'en le jugeant, la reine et son conseil
Lorgnoient Robert et répandoient des larmes.
Marton de loin dans un coin soupira.
Dans tous les cœurs la pitié trouva place.
Berthe au conseil alors remémora
Qu'au chevalier on pouvoit faire grâce,
Et qu'il vivroit pour peu qu'il eût d'esprit;
Car vous savez que notre loi prescrit
De pardonner à qui pourra nous dire
Ce que la femme en tous les tems desire;
Bien entendu qu'il explique le cas
Très-nettement, et ne nous fâche pas.
La chose étant au conseil exposée,
Fut à Robert aussitôt proposée.
La bonne Berthe, afin de le sauver,
Lui concéda huit jours pour y rêver.
Il fit serment aux genoux de la reine,
De comparoître au bout de la huitaine,
Remercia du décret lénitif,
Prit congé d'elle, et partit tout pensif.
Comment nommer, disoit-il en lui-même,
Très-nettement ce que toute femme aime,
Sans la fâcher? La reine et son sénat
Ont aggravé mon trop piteux état.
J'aimerois mieux, puisqu'il faut que je meure,
Que sans délai l'on m'eût pendu sur l'heure.

Dans son chemin, dès que Robert trouvoit
Ou femme ou fille, il prioit la passante
De lui conter ce que plus elle aimoit;
Toutes faisoient réponse différente,
Toutes mentoient, nulle n'alloit au fait.
Sire Robert au diable se donnoit.
Déjà sept fois l'astre qui nous éclaire,
Avoit doré les bords de l'hémisphère,
Quand sur un pré, sous des ombrages frais,
Il vit de loin vingt beautés ravissantes,
Dansant en rond; leurs robes voltigeantes,
Etoient à peine un voile à leurs attraits.
Le doux zéphir, en se jouant auprès,
Laissoit flotter leurs tresses ondoyantes;
Sur l'herbe tendre elles formoient leurs pas,
Rasant la terre et ne la touchant pas.
Robert approche, et du moins il espère
Les consulter sur sa maudite affaire.
En un moment tout disparoît, tout fuit.
Le jour baissant, à peine il étoit nuit.
Il ne vit plus qu'une vieille édentée,
Au teint de suie, à la taille écourtée,
Pliée en deux, s'appuyant d'un bâton,
Son nez pointu touche à son court menton;
D'un rouge brun sa paupière est bordée,
Quelques crins blancs couvrent son noir chignon,
Un vieux tapis qui lui sert de jupon,
Tombe à moitié sur sa cuisse ridée;
Elle fit peur au brave chevalier.

O 2

Elle l'accoste, et d'un ton familier,
Lui dit: mon fils, je vois à votre mine,
Que vous avez un chagrin qui vous mine.
Apprenez-moi vos tribulations;
Nous souffrons tous, mais parler nous soulage;
Il est encor des consolations.
J'ai beaucoup vu: le sens vient avec l'âge.
Aux malheureux quelquefois mes avis
Ont fait du bien quand on les a suivis.
Le chevalier lui dit: Hélas, ma bonne,
Je vais chercher des conseils, mais en vain;
Sans plus attendre être pendu demain,
Mon heure arrive, et je dois en personne,
Si je ne dis à la reine, à ses femmes,
Sans les fâcher, ce qui plaît tant aux dames.
La vieille alors lui dit: ne craignez rien,
Puisque vers moi le bon Dieu vous envoie,
Croyez, mon fils, que c'est pour votre bien:
Devers la cour cheminez avec joie;
Allons ensemble, et je vous apprendrai
Ce grand secret de vous tant desiré;
Mais jurez-moi qu'en me devant la vie,
Vous serez juste, et que de vous j'aurai
Ce qui me plaît et qui me fait envie;
L'ingratitude est un crime odieux:
Faites serment, jurez par mes beaux yeux,
Que vous ferez tout ce que je desire.
Le bon Robert le jura non sans rire.
Ne riez point, rien n'est plus sérieux,

Reprit la vieille ; et les voilà tous deux,
Qui côte à côte arrivent en présence
De reine Berthe et de la cour de France.
Incontinent le conseil assemblé,
La reine assise et Robert appelé,
Je sais, dit-il, votre secret, mesdames;
Ce qui vous plaît en tous lieux, en tous tems,
N'est pas toujours d'avoir beaucoup d'amans ;
Mais fille ou femme, ou veuve, ou laide, ou belle,
Ou pauvre, ou riche, ou galante, ou cruelle,
La nuit, le jour, veut être à mon avis,
Tant qu'elle peut, la maîtresse au logis.
Il faut toujours que la femme commande ;
C'est-là son goût, si j'ai tort, qu'on me pende.
Comme il parloit, tout le conseil conclut
Qu'il parloit juste, et qu'il touchoit au but.
Robert absous baisoit la main de Berthe,
Quand de haillons et de fange couverte,
Au pied du trône on vit notre sans-dent
Criant justice, et la presse fendant:
On lui fait place, et voici sa harangue:
« O reine Berthe ! ô beauté dont la langue
Ne prononça jamais que vérité;
Vous dont l'esprit connoît toute équité,
Vous dont le cœur s'ouvre à la bienfaisance,
Ce paladin ne doit qu'à ma science
Votre secret; il ne vit que par moi.
Il a juré mes beaux yeux et sa foi
Que j'obtiendrois de lui ce que j'espère :

Vous êtes juste, et j'attends mon salaire ».
Il est très-vrai, dit Robert, et jamais
On ne me vit oublier les bienfaits;
Mais vingt écus, mon cheval, mon bagage
Et mon armure étoient tout mon partage.
Un moine noir a, par dévotion,
Saisi le tout, quand j'assaillois Marton.
Je n'ai plus rien, et malgré ma justice,
Je ne saurois payer ma bienfaitrice.
La reine dit, tout vous sera rendu;
On punira votre voleur tondu.
Votre fortune en trois parts divisée,
Fera trois lots justement compensés:
Les vingt écus à Marton la lésée
Sont dus de droit, et pour ses œufs cassés.
La bonne vieille aura votre monture,
Et vous, Robert, vous aurez votre armure.
La vieille dit, rien n'est plus généreux,
Mais ce n'est pas son cheval que je veux;
Rien de Robert ne me plaît que lui-même;
C'est sa valeur et ses grâces que j'aime;
Je veux régner sur son cœur amoureux:
De ce trésor ma tendresse est jalouse;
Entre mes bras Robert doit vivre heureux;
Dès cette nuit je prétends qu'il m'épouse.
A ce discours que l'on n'attendoit pas,
Robert glacé laisse tomber ses bras,
Puis fixement contemplant la figure
Et les haillons de notre créature,

Dans son horreur il recula trois pas,
Signe son front, et d'un ton lamentable,
Il s'écrioit : Ai-je donc mérité
Ce ridicule et cette indignité ?
J'aimerois mieux que votre majesté
Me fiançât à la mère du Diable ;
La vieille est folle, elle a perdu l'esprit.
Lors tendrement notre sans-dent reprit :
« Vous le voyez, ô reine, il me méprise ;
Il est ingrat, les hommes le sont touts,
Mais je vaincrai ses injustes dégoûts ;
De sa beauté j'ai l'ame trop éprise ;
Je l'aime trop pour qu'il ne m'aime pas.
Le cœur fait tout : j'avoue avec franchise
Que je commence à perdre mes appas,
Mais j'en serai plus tendre et plus fidelle ;
On en vaut mieux, on orne son esprit,
On sait penser, et Salomon a dit,
Que femme sage est plus que femme belle.
Je suis bien pauvre, est-ce un si grand malheur ?
La pauvreté n'est pas un déshonneur.
N'est-on content que sur un lit d'ivoire ?
Et vous, madame, en ce palais de gloire,
Quand vous couchez côte à côte du roi,
Dormez-vous mieux, aimez-vous mieux que moi?
De Philémon vous connoissez l'histoire ;
Amant aimé dans le coin d'un taudis,
Jusqu'à cent ans il caressa Baucis.
Les noirs chagrins, enfans de la vieillesse,

N'habitent point sous nos rustiques toîts ;
Le vice fuit où n'est point la mollesse,
Nous servons Dieu, nous égalons les rois;
Nous soutenons l'honneur de vos provinces;
Nous vous faisons de vigoureux soldats;
Et croyez-moi, pour peupler vos Etats,
Les pauvres gens valent mieux que vos princes.
Que si le ciel à mes chastes desirs
N'accorde pas le bonheur d'être mère,
Les fleurs du moins sans les fruits peuvent plaire.
On me verra, jusqu'à mon dernier jour,
Cueillir les fruits de l'arbre de l'Amour ».
La décrépite, en parlant de la sorte,
Charma le cœur des dames du palais.
On adjugea Robert à ses attraits;
De son serment la sainteté l'emporte
Sur son dégoût : la dame encor voulut
Etre à cheval entre ses bras menée
A sa chaumière, où ce noble hymenée
Doit s'achever dans la même journée;
Et tout fut fait comme à la vieille il plut.
Le chevalier sur son cheval remonte,
Prend tristement sa femme entre ses bras,
Saisi d'horreur et rougissant de honte,
Tente cent fois de la jeter à bas,
De la noyer, mais il ne le fit pas,
Tant des devoirs de la chevalerie
La loi sacrée étoit alors chérie.
Sa tendre épouse, en trottant avec lui,

Lui rappeloit les exploits de sa race;
Lui racontoit comme le grand Clovis
Assassina trois rois, de ses amis;
Comment du ciel il mérita la grâce.
Elle avoit vu le beau pigeon béni,
Du haut des cieux apportant à Rémi
L'ampoule sainte et le céleste crême,
Dont ce grand roi fut oint dans son baptême.
Elle mêloit à ses narrations,
Des sentimens et des réflexions,
Des traits d'esprit et de morale pure,
Qui, sans couper le fil de l'aventure,
Faisoient penser l'auditeur attentif,
Et l'instruisoient, mais sans l'air instructif.
Le bon Robert à toutes ces merveilles,
Le cœur ému, prêtoit ses deux oreilles,
Tout délecté quand sa femme parloit,
Prêt à mourir quand il la regardoit.
L'étrange couple arrive à la chaumière,
Que possédoit l'affreuse aventurière;
Elle se trousse, et de sa sale main,
De son époux arrange le festin,
Frugal repas fait pour ce premier âge,
Plus célébré qu'imité par le sage.
Deux ais pourris, sur trois pieds inégaux,
Formoient la table où les époux soupèrent.
A peine assis sur deux minces trétaux,
Du triste époux les regards se baissèrent.
La décrépite égaya le repas

Par des propos plaisans et délicats,
Par des bons mots, qui piquent et qu'on aime,
Si naturels, que l'on croiroit soi-même
Les avoir dits. Robert fut si content,
Qu'il en sourit, et qu'il crut un moment
Qu'elle pouvoit lui paroître moins laide.
Elle voulut, quand le souper finit,
Que son époux vînt avec elle au lit.
Le désespoir, la fureur le possède,
A cette crise : il souhaite la mort;
Mais il se couche, il se fait cet effort;
Il l'a promis, le mal est sans remède.
Ce n'étoit point deux sales demi-draps,
Percés de trous et rongés par les rats,
Mal étendus sur de vieilles javelles,
Mal recousus encor par des ficelles,
Qui révoltoient le guerrier malheureux;
Du saint hymen les devoirs rigoureux
S'offroient à lui sous un aspect horrible :
Le ciel, dit-il, voudroit-il l'impossible ?
A Rome on dit que la grace d'en haut
Donne à-la-fois le vouloir et le faire;
La grace et moi nous sommes en défaut,
Par son esprit ma femme a de quoi plaire,
Son cœur est bon; mais dans le grand conflit
Peut-on jouir du cœur ou de l'esprit ?
Ainsi parlant, le bon Robert se jette,
Froid comme glace, au bord de sa couchette,
Et pour cacher son cruel déplaisir,

Il feint qu'il dort, mais il ne peut dormir.
La vieille alors lui dit d'une voix tendre,
En le pinçant : Ah ! Robert, dormez-vous ?
Charmant ingrat, cher et cruel époux,
Je suis rendue, hâtez-vous de vous rendre;
De ma pudeur les timides accens
Sont subjugués par la voix de mes sens.
Régnez sur eux ainsi que sur mon ame;
Je meurs, je meurs ! Ciel à quoi réduis-tu
Mon naturel qui combat ma vertu !
Je me dissous, je brûle, je me pâme !
Ah! le plaisir m'enivre malgré moi;
Je n'en peux plus, faut-il mourir sans toi ?
Va, je le mets dessus ta conscience.
Robert avoit un fond de complaisance,
Et de candeur et de religion;
De son épouse il eut compassion.
Hélas ! dit-il, j'aurois voulu, madame,
Par mon ardeur égaler votre flamme;
Mais que pourrois-je ?-Allez, vous pourrez tout,
Reprit la vieille; il n'est rien à votre âge,
Dont un grand cœur enfin ne vienne à bout.
Avec des soins, de l'art et du courage;
Songez combien les dames de la cour
Célébreront ce prodige d'amour.
Je vous parois peut-être dégoûtante,
Un peu ridée, et même un peu puante;
Cela n'est rien pour des héros bien nés;
Fermez les yeux et bouchez-vous le nez.

Le chevalier amoureux de la gloire,
Voulut enfin tenter cette victoire;
Il obéit, et se piquant d'honneur,
N'écoutant plus que sa rare valeur;
Aidé du ciel, trouvant dans sa jeunesse,
Ce qui tient lieu de beauté, de tendresse,
Fermant les yeux, se mit à son devoir.
C'en est assez, lui dit sa tendre épouse,
J'ai vu de vous ce que je voulois voir;
Sur votre cœur j'ai connu mon pouvoir;
De ce pouvoir ma gloire étoit jalouse.
J'avois raison; convenez-en, mon fils,
Femme toujours est maîtresse au logis.
Ce qu'à jamais, Robert, je vous demande,
C'est qu'à mes soins vous vous laissiez guider,
Obéissez, mon amour vous commande,
D'ouvrir les yeux et de me regarder.
Robert regarde, il voit à la lumière
De cent flambeaux, sur vingt lustres placés,
Dans un palais, qui fut cette chaumière,
Sous des rideaux, de perles rehaussés,
Une beauté, dont le pinceau d'Apelle,
Ou de Vanlo, ni le ciseau fidèle
Du bon Pingal, le Moine ou Phidias,
N'auroient jamais imité les appas.
C'étoit Vénus, mais Vénus amoureuse,
Telle qu'elle est, quand les cheveux épars,
Les yeux noyés dans sa langueur heureuse,
Entre ses bras elle attend le dieu Mars.

Tout

Tout est à vous, ce palais et moi-même;
Jouissez-en, dit-elle à son vainqueur:
Vous n'avez point dédaigné la laideur,
Vous méritez que la beauté vous aime.

Or, maintenant j'entends mes auditeurs
Me demander quelle étoit cette belle,
De qui Robert eut les tendres faveurs;
Mes chers amis, c'étoit la fée Urgelle,
Qui, dans son temps, protégea nos guerriers,
Et fit du bien aux pauvres chevaliers.

O l'heureux temps que celui de ces fables,
Des bons démons, des esprits familiers,
Des farfadets aux mortels secourables!
On écoutoit tous ces faits admirables
Dans son château, près d'un large foyer:
Le père et l'oncle, et la mère et la fille,
Et les voisins, et toute la famille,
Ouvroient l'oreille à monsieur l'aumônier,
Qui leur faisoit des contes de sorcier.
On a banni les démons et les fées,
Sous la raison les grâces étouffées,
Livrent nos cœurs à l'insipidité;
Le raisonneur tristement s'accrédite.
On court, hélas! après la vérité;
Ah! croyez-moi, l'erreur a son mérite.

ÉTYMOLOGIE
DE l'AZE-TE-FOUTE.

UN jour de foire de *Châlons*,
Colas s'en alloit à la ville,
Monté sur le roi des ânons,
Animal soumis et docile,
Contre l'usage des grisons.

N'étant qu'au milieu de sa route,
Il fit rencontre de *Catin*,
Lasse, suant à grosse goutte,
Et faisant à pied le chemin.

La belle voyant son voisin,
Qui s'en alloit le vent en poupe,
Le conjura par *Saint-Martin*,
De la laisser monter en croupe.

Un cœur aussi dur qu'un rocher,
Se fût attendri pour la belle :
Elle étoit fraîche, encor pucelle,
Et sa main pouvoit s'accrocher,
Par fois, au pommeau de la selle.

Mais ces menus droits des amans,
Que nous autres honnêtes gens
Avons baptisés *petite oie*,

Sont nommés par certains manans,
Viande creuse et fausse monnoie.

De ces manans étoit *Colas*;
Aussi n'en faisoit-il grand cas.

Depuis long-temps, de la donzelle
Il avoit pris ville et fauxbourgs;
Mais elle défendoit toujours
Avec vigueur la citadelle.
Le gars, en plus de vingt assauts,
Fut repoussé sur la verdure,
Non sans force coup de fuseaux,
Sans mainte et mainte égratignure;
Colas en avoit le cœur gros.
Aussi, tout sec, piquant sa bête:
Néant, dit-il, à la requête.
Catin le flatte tendrement,
Le manant pousse fièrement:
Si l'une presse, l'autre chante.
Que faire en telle extrémité?
Catin n'avoit point d'*Atalante*
Les pieds, ni la légèreté;
Puis c'étoit au cœur de l'été,
Peut-être dans la canicule:
Colas gardoit son quant à soi;
Nécessité n'a point de loi;
Enfin la belle capitule.

Arrêté fut qu'à chaque pet

Que feroit messire baudet,
Maître *Colas* et la bergère
Feroient un tour sur la fougère ;
Le tout pour le soulagement
De l'Arcadienne monture.

Le traité fait, la belle monte ;
Le drôle aussitôt du talon
Frappe le flanc de son grison :
Maître baudet pète sans honte ;
Il savoit par cœur sa leçon.
A cette espèce d'exercice
Jadis l'avoit dressé *Colas*
Pour certaine dame *Thomas*.

Martin ayant fait son office,
Colin descend... point de quartier :
Elle eut beau cent fois le prier ;
Il l'emporte, il sue, il travaille ;
Et d'une sanglante bataille,
Il revient couvert de laurier.

Tous deux remontent;... la fillette
Rajuste mouchoir et cornette.

Bientôt après, le villageois
Tournant vers elle le minois,
Fut surpris de la voir plus belle;
Tout aussitôt ardeur nouvelle,
Coup dans les flancs, et nouveau son
De la part du seigneur grison.

A la troisième pétarade
Catin vous fait une gambade,
Tire *Colas* par ses habits,
Et lui montre un prochain taillis.

Ce bois lui donna l'estrapade;
Il en revint pâle, défait,
Et jurant contre le baudet.
Il n'étoit au bout.... la fillette
Talonne *Martin*; *Martin* pète.

Lors dit Catin: N'entends-tu pas?
Quoi? répond l'autre,... l'aze,...écoute...

Si l'aze pète, dit *Colas*,
Palsangué! que l'aze-te-f....

LE MIRLITON.

Un Capucin rêvoit dans sa cellule
Comme il pourroit fronder, dans ses sermons,
De ces cerceaux la mode ridicule,
Dont on se sert pour enfler les jupons;
Mais ce n'étoit pour lui chose facile,
Car des paniers il ignoroit le nom;
Quand par hasard; en passant par la ville,
Il entendit chanter le *Mirliton*.
Ho! ho! dit-il, frère, à son compagnon,
Ceci pourroit bien être notre affaire.

Je gagerois que ce terme nouveau
De ces jupons nous cache le mystère
Qui m'a si fort travaillé le cerveau.
Qu'en pensez-vous ? Me trompé-je, mon Frère ?
Par Saint-François, dit le Capucinot,
On ne sauroit mieux rencontrer, mon Père ;
Car que pourroit signifier ce mot,
S'il ne marquoit cette mode nouvelle ?
Voilà, je crois, son véritable lot :
Le hasarder, c'est pure bagatelle.
C'est bien penser, dit le Père au Frérot,
Et pour le sûr, il ne sauroit déplaire ;
Onc il ne fut du langage vulgaire ;
De l'oublier je ne serai si sot,
Et dès ce soir je le veux dire en chaire.
Il n'y faillit. On vint le convier
Chez des Nonnains, théâtre de sa gloire,
A leur donner un plat de son métier ;
Et ce jour là (ce qu'on a peine à croire)
S'étoit formé très-nombreux auditoire.
Pompeusement du beau sexe assemblé,
Par les paniers le brocard étalé,
Fournit à point matière à l'éloquence
De l'orateur, pour tomber à souhait
Sur son vain luxe et son extravagance.
Il n'est besoin de citer trait pour trait
Tout ce qu'il dit : mais le récit fidèle
De celui-ci, je crois vous suffira ;
Par quoi chacun du reste jugera.

« Oui, s'écria, transporté d'un saint zèle,
» Et sous son froc le moine s'échauffant,
» En ce temps-ci le désordre est si grand,
» Et tant on voit votre luxe s'accroître !
» Vos *Mirlitons*, mesdames, à présent
» Sont grands trois fois plus qu'ils ne devroient
» l'être ».

MON TESTAMENT.

Je veux qu'après ma mort cent putains toutes nues
Soient, dessus mon tombeau, cent fois par jour f.. tues,
Et que les cordeliers, en chantant leurs offices,
Aient tous les v... bandans dans le c. l des novices,
Et que les jacobins, en prêchant leurs sermons,
En exhortant les v..., prêchent contre les c... ;
Et que, sans consulter tant de législateurs,
On partage mon bien aux plus fameux f.. teurs,
Et qu'on donne mes os à des apothicaires
Pour servir de canul à donner des clistères ;
Afin qu'après ma mort, ainsi que j'ai vécu,
Je sois encore utile aux services des culs.

LE DÉSAGRÉMENT
DE LA JOUISSANCE.

Enfin, après six mois de peines et de soupirs
Climène s'est rendue à mes pressans desirs ;
D'un moment tendre et doux j'ai saisi l'avantage.
Mais hélas ! qui l'eût cru ? cette prude sauvage,
Qui tant et tant de fois a refusé mes vœux,
A plus f..tu de coups que je n'ai de cheveux.
Son c.. vaste et son cul font une même fente.
Mon v.. en fut frappé d'horreur et d'épouvante ;
Et parcourant au loin cet abîme profond,
En même-temps f..tit et le c..l et le c..n.
O vous, qui recherchez l'honneur d'un pucelage,
Amans, ne jugez pas du c.. par le visage.
Les dévotes beautés qui vont baissant les yeux,
Sont celles plus souvent qui chevauchent le mieux ;
Telle, d'un air bigot, vous affronte et vous dupe,
Qui pour un malheureux vingt fois lève sa jupe,
Et feignant de prier, en fermant son volet,
Pour un godmiché quitte son chapelet.

Deux dames se parloient; l'une d'elles prononça avec assez de gravité le mot peut-être. *Sur quoi Piron, sans s'arrêter dans sa route, interrompit leur discours par ces deux rimes :*

MESDAMES, il n'y a point de peut-être,
Toute femme qui a foutu aime à l'être.

Piron passoit dans la rue pendant un gros orage, et étoit très-mal équipé : deux dames le voyant de dessus un balcon, lui demandèrent des vers sur le tems ; il leur adressa cet impromptu :

VOUS du haut du balcon,
Qui riez de ma misère,
S'il pleuvoit du jus de couillon,
On vous verroit sous la gouttière.

FIN.

TABLE.

TABLE.

Fin de la Table.

www.ingramcontent.com/pod-product-compliance
Lightning Source LLC
LaVergne TN
LVHW011958220826
846092LV00001B/204

9782329811574